浙江省瑞安市2020年度社科重点课题成果

蔡幼学年谱

蔡建设　谢公望　编著

中国民族文化出版社

北京

图书在版编目（CIP）数据

蔡幼学年谱 / 蔡建设，谢公望编著. -- 北京:中国民族文化出版社有限公司,2023.9（2025.6重印）

ISBN 978-7-5122-1758-4

I.①蔡… II.①蔡…②谢… III.①蔡幼学(1154-1217)-年谱 IV.①K827=442

中国国家版本馆 CIP 数据核字(2023)第 171864 号

蔡幼学年谱

CAI YOUXUE NIANPU

编　　著　蔡建设　谢公望
责任编辑　王华
责任校对　李文学
出 版 者　中国民族文化出版社
地　　址　北京市东城区和平里北街 14 号
　　　　　　邮编 100013 联系电话:010-84250639 64211754(传真)
印　　装　三河市同力彩印有限公司
开　　本　880mm×1230mm 1/32
印　　张　7.25
字　　数　142 千字
版　　次　2025 年 6 月第 1 版第 2 次印刷
书　　号　ISBN 978-7-5122-1758-4
定　　价　58.00 元

凡　例

一、本年谱包括时事、事迹、诗文编年、编年外制、附考五项。

二、本年谱以宋纪元为主，辅以公元纪年，月、日均采用夏历，并以干支纪日。纪事涉及的古代地名，除与谱主关系密切且为首出外，一般不标注今地名。

三、本年谱所叙谱主生平事迹，重在信而有征，不作揣测之辞。所据文献资料，采自《兵部尚书蔡公墓志铭》《光禄大夫尚书文懿蔡公行状》和明万历三十七年（1609 年）刊本《宋史》卷四三四本传，再旁搜博采南宋史籍、宋人文集、温州方志及其他地方文献等资料。

四、本年谱以时间为经，谱文按年月次序排序；以人物为纬，全面记叙谱主生平及撰著。考查其师承与交游、仕宦经历。为免烦冗，援引资料一般只做摘录。

五、本年谱均收录有年款或能明确断定时间的相关资料；无年月可据者，注明"是年"或"约是年"等；完全无法考订年月之史料则弃用。

六、本年谱首列时事，记当年政局及国内外大事。次列事迹，考述谱主之家世、生平仕宦、著述、亲友、交游。其交游者之事迹，例于首次出现时略加考述，其暂无可考者，则从阙疑之义。

七、蔡幼学著作颇丰，但元、明以来散佚殆尽，仅存《育德堂奏议》《育德堂外制》二书。编者近从乡邦文献中搜集佚文八篇、佚诗七首，将能考知写作年代的佚文、诗作编入年谱。

八、蔡幼学身为南宋永嘉学派的重要继承者，其生平行事与当时的温州学者息息相关，他又列"庆元党禁"之籍，因而与这些学者，如陈傅良、郑伯熊、郑伯英、薛季宣、蔡必胜、戴溪、薛叔似、徐谊、陈武、王楠、徐元德、王自中、曹叔远等人多有交集，故本年谱或详或略记述以上诸公生平。

九、为避冗赘，《育德堂外制》简称《外制》，《育德堂奏议》简称《奏议》，叶适《兵部尚书蔡公墓志铭》简称《墓志铭》，林士谦《光禄大夫尚书文懿蔡公行状》简称《行状》，《宋史》卷四三四本传，简称《宋史》本传；谱主称"行之"或"幼学"。

蔡幼学世系图

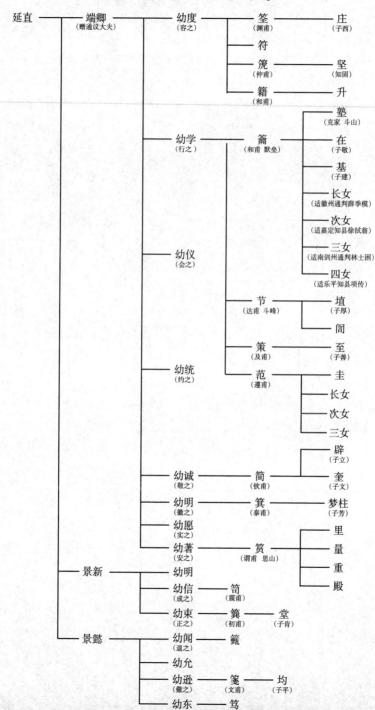

目　录

蔡幼学年谱

　　蔡幼学，字行之，浙江瑞安新城里（今浙江省瑞安市莘塍街道）人。

　　△叶适《兵部尚书蔡公墓志铭》（下称《墓志铭》）："公温州瑞安新城里蔡氏，名幼学，字行之。"（《叶适集·水心文

瑞安市莘塍街道蔡幼学纪念馆（2019年1月蔡建设摄）

集》卷二三)

　　△林士谦《光禄大夫尚书文懿蔡公行状》(下称《行状》):"公讳幼学,字行之,号溪园,由瑞邑新城徙居郡之信河坊庆善里。"(龙湾状元《蔡氏宗谱》)

　　△《宋史》卷四三四本传、《南宋馆阁续录》卷八、陈振孙《直斋书录解题》卷一〇八等无异辞。

　　按:黄昇《花庵词选续集》卷四:"蔡行之,名幼学,号溪园,永嘉人。"行之晚年居永嘉庆善坊(今温州市鹿城区庆年坊)。徐光溥《自号录》:"育德堂,蔡幼学。"

绍兴二十四年甲戌（1154年） 一岁

【时事】

是年科举，同榜中秦桧之亲党居多，天下为之切齿。

五月，衢州俞八作乱。

七月，张俊卒。

八月，朝廷罢温州市黄柑、福州贡荔枝。

【事迹】

十二月初四（1155年1月6日）亥时出生于新城里。

△莘塍《蔡氏宗谱·伯祖文懿公行状》（下称《文懿公行状》）："蔡幼学，系端卿第二子。生于绍兴甲戌十二月初四日亥时。"

按：由《墓志铭》行之卒年递推，亦可得生于是年。据莘塍《蔡氏宗谱》，蔡氏先世居浙江钱塘，蔡用元公，字崇恭，号仪，行三，唐僖宗乾符年乙未（875年）进士，至梁开平中官授莆田节度使。光启元年（885年），避秦宗

莘塍《蔡氏宗谱》[宣统二年（1910年）]

权乱，随王潮、王审知提兵入闽，居兴化仙游赤湖。配夫人黄氏、朱氏，生三子。长子垢，居建安，为建安派始祖。次子岳，官江西虔化教授，居莆田，为莆田派始祖。岳传四世，有北宋政治家、文学家、书法家蔡襄，北宋宰相、太师蔡京，知枢密院事蔡卞。季子岱，讳直衙，字宗泰，官至兵部侍郎。后晋天福三年（938年），岱为避闽王曦苛政，从德化徙居平阳旸岙山下。妻石氏，子三，撙、拴、招。撙传六世有武状元必胜。拴孙仁季，讳奠军，号世则，官至正奉大夫，行户部事。北宋初年，仁季公由平阳旸岙徙居瑞安八都莘塍中堡，为莘塍始祖。仁季公派分莘塍，惠施闾里，人咸德之，高祖用元公（俗称蔡三）、曾祖岱（俗称蔡九）配享于里社东堂殿。

曾祖昌，仁季公之孙，不仕。

祖廷直，昌公季子，不仕。配黄氏。

父端卿，字性道，廷直公长子，不仕，赠通议大夫，永嘉（今温州市区）蔡氏始祖。

母黄氏，诰封节孝夫人。

兄弟八人，兄幼度字容之，幼学次之，弟幼仪字会之，幼统字约之，幼诚字敬之，幼明字徽之，幼愿字实之，幼著字安之。

是年，王十朋四十三岁。林光朝四十一岁。芮烨四十岁。郑伯熊、施师点三十一岁。陆游三十岁。范成大、周必大二十九岁。陈骙二十七岁。郑伯英、朱熹二十五岁。蔡幼度二十三岁。薛季宣二十一岁。陈傅良、吕祖谦均十八岁。徐元德、陆九渊、蔡必胜十六岁。王自中、木待问十五岁。戴溪、许及之、薛叔似十四岁。彭龟年十三岁。陈亮十二岁。陈武、徐谊、陈谦十一岁。吕祖俭九岁。叶适五岁。韩侂胄三岁。

绍兴二十五年乙亥（1155年）　二岁

【时事】

三月，地震。

四月，安南入贡。

十月，复置鸿胪寺；二十二日秦桧卒。

十二月，禁闽、浙、川广贡珍珠、文犀。

【事迹】

是年，乡人薛季宣在家设雅新学塾，堂侄叔似及徐元德、王楠等先后来问学受业。（周梦江《叶适年谱》，浙江古籍出版社，2006年，12页）

按：薛季宣（1134—1173年），字士龙，号艮斋，学者称常州先生，永嘉（今属温州市鹿城区）人。早随伯父薛弼宦游四方，年十七，荆南帅孙汝翼辟为书写机宜文字，师从袁溉（"二程"弟子），得伊川"二程"之学。历

薛季宣画像

官大理正、湖州知州、常州知州。为学重事功,注重研究田赋、兵制、地形、水利等世务,反对空谈义理,开创永嘉事功学派先声,著有《浪语集》三十五卷传世。《宋史》卷四三四有传。

薛叔似(1141—1221年),字象先,永嘉(今属温州市鹿城区)人,薛季宣从侄,永嘉学派学者。乾道八年(1172年),与行之同年进士,官至兵部尚书、端明殿学士。韩侂胄被杀,薛被参劾。嘉定八年(1215年)复通议大夫,致仕。谥文节,改谥恭翼。《宋史》卷三九七有传。

徐元德(1139—1201年),字居厚,号牧斋,瑞安仙居(今属温州市泰顺县)人,永嘉学派学者。学行纯笃,淳熙四年(1177年)漕试《周礼》夺魁,五年(1178年)登进士第,授邵武军学教授,仕终于通州知州。元德讲论名理,身先榘矱,为诸士倡。有诗《行之赞》,云:"邦国维桢,山川钟英。神凝峙岳,洁操冰清。醇庶景仰,百僚式型。卓然人杰,名垂汗青。"明万历《温州府志·人物志·理学》有传。

王楠(1143—1217年),字木叔,号合斋,永嘉亭山(今属温州市瓯海区)人,永嘉学派学者。从薛季宣学,善《春秋》。乾道二年(1166年)进士,累官秘书少监、赣州知州、江南东路提举茶盐公事兼池州知州,阶朝议大夫。为人重气节,尚事功,居官清正,不畏强暴。工诗,有《王秘监诗文集》。明万历《温州府志·人物志·宦业》有传。

绍兴二十六年丙子（1156年）　三岁

【时事】

正月，省诸州税场；增置言事官。

四月，增温、台等十六州解额。

六月，赵桓（钦宗）卒于金国。

十月，罢浙东常平司平准务。

【事迹】

是年，三弟幼仪出生。

绍兴二十七年丁丑（1157年）　四岁

【时事】

二月，更改科举法，复兼习经义、诗赋法。

十月，赈四川饥民。

【事迹】

三月，郡人王十朋状元及第。（《龙图阁学士王公墓志铭》，汪应辰《文定集》卷二十三）

按：王十朋（1112—1171年），字龟龄，号梅溪，乐清人。少颖悟，强记览，为乡里所推重。入太学，有文行，绍兴二十七年（1157年）进士第一，授左承事郎、签书建康军节度判官厅公事。孝宗立，累官侍御史，力主北伐大计，出守饶、夔、湖、泉诸州，救灾除弊，有治绩。终官太子詹事、龙图阁学士。谥忠文。有《梅溪集》传世。《宋史》卷三八七有传。

绍兴二十八年戊寅（1158年）　五岁

【时事】

正月，申禁三衙强刺平民为兵。

八月，置国史院。

十二月，修睦亲宅，建宫学。

【事迹】

是年，原配林氏出生。

△蔡幼学《夫人林氏墓志》："予妻，世居平阳人，给事中讳待聘之孙，通判婺州讳信厚之女。"（莘塍《蔡氏宗谱》）

按：以林氏卒年逆推，故得。林待聘（1089—1152年），字绍伊，号毅斋，平阳（今温州市苍南县）人。宋政和五年（1115年）进士，累官给事中，敷文阁直学士。明万历《温州府志·人物志·宦业》有传。林信厚（生卒不详），字诚叟，平阳人，林待聘长子。宋绍兴十五年（1145年）进士，历官福建南外宗学教授、婺州倅。民国《平阳县志·人物四》有传。

是年，四弟幼统出生。

绍兴二十九年己卯（1159年） 六岁

【时事】

正月，禁诸州科卖仓盐。

四月，黄中自金国使还，建言早饬边备。

七月，禁诸路抑买官田。

【事迹】

是年，友人曹叔远生于瑞安曹村。（姜准《岐海琐谈》卷五）

按：曹叔远（1159—1234年），字器远，初名叔遐，瑞安人，曹逢时子，永嘉学派重要学者。少从陈傅良学，年十九，以《春秋》魁乡荐。绍熙元年（1190年）进士，累官权礼部侍郎兼侍读，终徽猷阁待制。卒谥文肃。正人端士，有史才，尝编《永嘉谱》。《宋史》卷四一六有传。

曹叔远画像

绍兴三十年庚辰（1160年） 七岁

【时事】

八月，贺允中使还，言金人必叛盟；淮东总管许世安奏，金主完颜亮起重兵五十万，谋来攻。

【事迹】

约是年初，叶适于瑞安城南林元章家初识陈傅良。

△《林正仲墓志铭》："余为儿，嬉同县林元章家。时邑俗质俭，屋宇财足，而元章新造广宅……诸子自刻琢，聘请陈君举为师，一州文士毕至。"（《叶适集·水心文集》卷一六）

按：叶适（1150—1223年），字正则，号水心居士，生于瑞安，后居永嘉水心村（今属温州市鹿城区），世称"水心先生"。淳熙五年（1178年）进士，累官宝谟阁待制、江淮制置使、宝文阁学士。谥文定。生平喜读书，不以世务萦怀，考论古今，品藻人物，自成一家言，四方学者仰之如山斗。主张功利之学，为永嘉学派集大成者，对后世影

叶适画像

响深远。《宋史》卷四三四有传。

是年，乡人薛季宣以二伯父昌年恩荫任鄂州武昌（今湖北省鄂州市鄂城区）县令，在县中积极推行保伍法。（《右奉议郎新权发遣常州借紫薛季公行状》,《止斋先生文集》卷五一，下称《薛季宣行状》）

是年，五弟幼诚出生。

绍兴三十一年辛巳（1161年）　八岁

【时事】

三月，朝廷令两淮诸将各画界分，措置民社，增壁积粮。

五月，金使高景山、王全来贺，求淮汉之地，并以钦宗皇帝讣闻。

十月，高宗下诏书亲征。

绍兴三十二年壬午（1162年）　九岁

【时事】

二月，金人犯蔡州。

三月，金人攻陷淮宁府。

八月，赵构禅位于赵眘，后者即宋孝宗。

十一月，任命陆游、尹穑枢密院编修，并赐进士出身。

【事迹】

是年，友人叶适随父自瑞安迁居永嘉（今温州市鹿城区）。（周梦江《叶适年谱》17页）

是年，六弟幼明出生。

隆兴元年癸未（1163年）　十岁

【时事】

正月，礼部贡院试额增一百人。

二月，赈两淮流民及山东归正忠义军。

三月，金人以书取侵地。

八月，金人又以书求海、泗、唐、邓四州地及岁币。

是岁，两浙大水、旱蝗。

【事迹】

正月九日，邑人木待问省试第一，四月十二日中状元。郑伯英等二十七名温州籍士人中同科进士第。（《宋会要辑稿·选举》一之一六、二之一九）

按：是科，无殿试，以省试奏名进士。

是年，陈傅良受聘于（温州）郡城南茶院寺（学塾）讲学，从学者数百人。（《止斋先生文集·曹叔远序》）

是年，就读于城南茶院寺学塾，始从陈傅良学。

△蔡幼学《故宝谟阁待制致仕赠通议大夫陈公行状》："幼学未冠从止斋游，朝夕侍待制者且十年，公爱而教之，勉以前辈学业。"（《止斋先生文集》附录二）

△《墓志铭》："初，同县陈君举声价喧踊，老旧莫敢齿

列。公稚甚，独相与雁行立。"（《叶适集·水心文集》卷二三）

按：行之乾道八年（1172年）中进士，以此递推，行之当从是年开始，一直跟随陈傅良学习，共十年。这十年间，陈傅良有关学术活动，行之均跟随左右。陈傅良（1137—1203年），字君举，号止斋，瑞安人，学者称之为"止斋先生"。乾道八年（1172年）进士，累官宝谟阁待制。谥文节。文名颇著，时人多从其学。治学严谨，著述丰盈，一事一物，必致其极，主张经世致用，为永嘉学派承前启后者。《宋史》卷四三四有传。

陈傅良画像

是年，族兄蔡必胜经试补入临安武学外舍生经远斋。（徐谊《吉州刺史蔡公圹志》）

按：蔡必胜（1139—1203年），字直之，平阳步廊人，与行之同宗。乾道二年（1166年）武科状元，累官知阁门事，吉州刺史。为人忠义慷慨，为官清正廉明，求下疾苦。季子籥过继予行之，是谓行之之长子。

平阳县昆阳镇步廊村蔡必胜纪念馆

隆兴二年甲申（1164年） 十一岁

【时事】

三月，张浚招徕山东、淮北忠义之士。

四月，高丽入贡。

八月，张浚卒。

十一月，楚州知州魏胜战死，士人上书请斩汤思退、王之望、尹穑。

十二月，《隆兴和议》初成，称"叔侄之国"，岁贡改岁币。

【事迹】

是年，又从学于郑伯熊、伯英。（全祖望《奉临川帖子二》）

△叶适《郑景元墓志铭》："始，行之游陈、郑间，后婿郑氏。"（《叶适集·水心文集》卷二一）

按：郑伯熊（1124—1181年），字景望，永嘉（今温州市鹿城区）人，人称"大郑公"，学者称"敷文先生"。绍兴十五年（1145年）进士，历官秘书省正字、宗正少卿，以龙图阁知宁国府，终官建宁知府。谥文肃。遂于经学，以学行闻名，倡伊洛之学，尤精古人经制治法，与薛季宣同为永嘉学派先驱。

郑伯英（1130—1192年），字景元，自号归愚翁，行之岳父，与兄长郑伯熊齐名，人称"小郑公"。隆兴元年（1163年）进士，曾任秀州判官，杭州、泉州推官，自度不能俯仰于时，遂以亲辞，终身不复仕。叶适称："景元俊健果决，论事愤发，思得其志，则必欲尽洗绍圣以来弊政，复还祖宗之旧。"又云永嘉儒豪"皆兄事景元"。

又按：郑伯熊调任婺州司户参军之后，乾道二年（1166年）召为国子丞。另据《南宋馆阁录》："郑伯熊，隆兴元年（1163年）三月除正字，八月监南岳庙。"故隆兴元年（1163年）秋冬至乾道二年（1166年）间，郑伯熊闲居家中，教授生徒。郑伯英隆兴元年（1163年）中进士后，授从事郎，居家候阙秀州判官。故此，行之当此时又受业于郑氏兄弟。

是年，薛季宣回永嘉居住，潜心向学，著有《书古文训》《诗性情悦》《中庸说》《大学说》《论语小学》等。（陈傅良《薛季宣行状》）

是年，郑伯熊、伯英兄弟与薛季宣结交。（郑伯英《祭薛季宣文》，《薛季宣集》附录一）

是年，七弟幼愿出生。

乾道元年乙酉（1165年）　十二岁

【时事】

正月，赈济两浙流民。

四月，金使来宋递交国书，始称宋孝宗为"宋皇帝"，停止"叔侄之国"称谓。

【事迹】

是年，游学于陈傅良与郑伯熊、伯英之间。

幼以文显，始有俊声，受陈傅良称赞。

△陈傅良《沈叔阜圹志》："德化公始识余，亟以叔阜相从问学为请。常常语人：吾儿异日当知名于世，学者且数百人。叔阜与今提举福建常平茶事蔡行之，年皆少，皆有俊声。"（《陈傅良先生文集》卷五）

△叶适《祭蔡行之尚书文》："乾道初元，始变时文。公尚总角，舍庞趋醇。"（《叶适集·水心文集》卷二八）

乾道二年丙戌（1166年） 十三岁

【时事】

二月，赈济两浙、江东饥荒。

八月，温州大风，海溢，覆舟溺死二万余人。

【事迹】

是年，继续游学于陈傅良与郑伯英之间。

大罗山石刻："乾道二年水满到此"

（陈傅良《薛季宣行状》）

三月九日，蔡必胜举右科状元，授成忠郎。（叶适《蔡知阁墓志铭》）

八月，太常博士郑伯熊在朝为温州奏请赈恤。（嘉靖《温州府志》卷六《灾变》）

是年，妻郑静仁出生。

△蔡籥《默斋泣血铭》："郑氏，讳静仁，伯父讳伯熊，父讳伯英……于绍定辛卯年（1231年）四月乙巳日卒，享年六十六。"（莘塍《蔡氏宗谱》）

按：以卒年推算，故得。郑静仁系郑伯英之长女。

是年，随陈傅良拜访瑞安尉黄度，黄、陈定交。

△袁燮《龙图阁学士通奉大夫尚书黄公行状》："黄度，隆兴之元（1163年）擢进士第……初以迪功郎为温州瑞安县尉……止斋闻其贤，欣慕之。一日，来见，未及通谒，望其气貌，迎谓：'君非陈君举耶?'笑曰：'然。'于是定交，若素友善者。郎蔡公幼学，止斋之高弟，而齿未也。少于公十六岁，器重其人，不以辈行为间，秩满延止斋家塾，侍郎从之，交情益厚焉。"（《絜斋集》卷一三之三）

按：黄度（1138—1213年），字文叔，号遂初，新昌人。南宋隆兴元年（1163年）进士，以迪功郎任瑞安县尉，累官吏部尚书兼侍读，以焕章阁学士知隆兴府。曾从薛季宣学，志在经世，以学为本。

是年，薛季宣访城南茶院寺学塾陈傅良。

△陈傅良《薛季宣行状》："傅良丙戌、丁亥间，授徒城南，公间来教督之。明年，谢徒束书，山间屏居，公又过之。问治何业，竭己所已得对。公曰：'吾惧吾子之累于得也。'即诏曰：'宜若是。'"（《止斋先生文集》卷五一）

是年，八弟幼著出生。（莘塍《蔡氏宗谱》）

乾道三年丁亥（1167年） 十四岁

【时事】

两浙水，四川旱，江东西路、湖南北路蝗。

【事迹】

是年，随父徙居永嘉新河坊（今属温州市鹿城区）。（陈绍《新城蔡氏宗谱序》）

是年，依然就读于茶院寺学塾，随陈傅良学。

是年，郑伯英任秀州判官。四月二十七日，薛季宣有《送郑景元赴秀州判官诗并序》。（薛季宣《浪语集》卷六）

六月，郑伯熊除著作郎。（陈骙《南宋馆阁录》卷七）

乾道四年戊子（1168年）　十五岁

【时事】

五月，行《乾道新历》。

八月，温州知州胡与可以支常平钱赈济水灾人户自劾。

十一月，孝宗在茅滩举行盛大阅兵。

【事迹】

正月，陈傅良创仙岩书塾。行之随行，就学于仙岩。

△薛季宣《与郑景望一》："君举已罢茶院之会，见与徒一二十辈，聚课仙岩。"（《浪语集》卷三四）

是年，王十朋撰《何提刑墓志铭》，称："永嘉自……建炎绍兴间，异才辈出，往往甲于江南。"（王十朋《梅溪后集》卷二九）

乾道五年己丑（1169年） 十六岁

【时事】

八月，陈俊卿兼枢密使，虞允文除右仆射、同平章事兼枢密使。

十月，赈温州、台州水灾。

十一月，复置淮东万弩手，名神劲军。

【事迹】

春，邑人王执中中进士。（弘治《温州府志》卷一三）

六月初六日，吕祖谦除太学博士，待阙，胡沂有行词。（《景定严州续志》卷二《名宦》）

按：吕祖谦（1137—1181年），字伯恭，婺州（今金华市）人。隆兴元年（1163年）进士，复中博学宏词科，累官著作郎，除直秘阁。与朱熹、张栻并称"东南三贤"，主张明理躬行，开浙东学派先声，学者称"东莱先生"。《宋史》卷四三四有传。

吕祖谦画像

是年，陈傅良馆于新昌黄度家，行之随行。（袁燮《龙图阁学士通奉大夫尚书黄公行状》）

是年，补监试，经魁。（《行状》）

乾道六年庚寅（1170年） 十七岁

【时事】

四月，汪应辰三上疏论发运司。

六月，太学增武学生为百人。

是岁，两浙、江东西、福建水、旱。

【事迹】

二月二十五日，诠试、公试、类试，国子司业芮烨为考试官，秘书省正字林光朝为考校点检试卷官。（《宋会要辑稿·选举》二〇之二〇）

五月初七日，吕祖谦除太学博士，王秬有行词。（《全宋文》卷四八九五）

随陈傅良进都城，始识张栻、吕祖谦。

△蔡幼学《故宝谟阁待制致仕赠通议大夫陈公行状》："还过都城，始识侍讲张公栻、著作郎吕公祖谦。数请间，扣以为学大指，互相发明。二公亦喜得友，恨见公之晚。是岁乾道六年（1170年）也。"（《止斋先生文集》卷五二）

秋，补试入太学。

△陈振孙《直斋书录解题》卷一〇八："（蔡行之）成童颖异，从同郡陈傅良君举学治《春秋》，年十七，试补上庠，

首选，陈反出其下。明年，陈改用赋，冠监举，而幼学为经魁。又明年，省闱先多士，而傅良亦为赋魁。一时师弟子雄视场屋，莫不歆艳。"

△叶适《祭蔡行之尚书文》："机杼自生，笔墨为春；太学南宫，偏魁等伦。"（《叶适集·水心文集》卷二八）

陈傅良、陈武、陈谦、吕声之、王德修等俱补试入太学。

△《荆溪林下偶谈》四："淳熙间，永嘉英俊如陈君举、陈蕃叟、蔡行之、陈益之六七辈同时并起，皆赴太学补试。"又云："止斋初补试，才抵浙江亭，未脱草履，方处士及太学诸生，迂而求见者如云。吴琚，贵公子也（按：琚字居，父宪圣，太后犹子），冠带执刺，候见于旅邸，已昏夜矣。"

按：上文中，云"淳熙间"，显误。陈谦（1144—1216年），字益之，号水云，学者称"易庵先生"，永嘉（今温州市鹿城区）人，永嘉学派学者。乾道八年（1172年）进士，累官宝谟阁待制、湖北京西宣抚副使。其学问深醇，文辞雄俊，声冠两学，陆沉下僚，有保全安陆及歼敌于汉水之功。遗著有《诗解诂》《春秋解》《周礼说》《易庵文集》等。《宋史》卷三九六有传。

△黄宗羲《止斋学案》："吕声之，字大亨，新昌人。以能诗名。师陈止斋，而友蔡行之。同升太学，壁记题名，先生在止斋之下，行之之上。是年，止斋、行之皆登进士，而先生不第。或戏之曰：'所谓厄于陈、蔡之间者也。'"（《宋元学案》卷五三）

　　秋，陈傅良在太学，国子祭酒芮烨雅闻其名，亲访陈傅良于所隶斋。（蔡幼学《故宝谟阁待制致仕赠通议大夫陈公行状》）

乾道七年辛卯（1171年）　十八岁

【时事】

正月，王十朋为太子詹事。

三月，诏训习水军。

五月，复置淮东总领所。

十一月，罢太医局。

【事迹】

是年，在太学，熟诵《春秋》。

△楼钥《止斋春秋后传左氏章指序》："（陈傅良）且曰：'自余之有得于此而欲著书，于诸生中择其能熟诵三传者，首得蔡君幼学。蔡既仕，又得二人焉，曰胡宗，曰周勉。游宦必以一人自随，遇有所问，其应如响。而此书末易成也。'"（《攻媿集》卷五一）

在太学善治《春秋》，文采出众，受芮烨、吕祖谦器重，有"文过其师"之誉。

△《宋史》本传："是时，陈傅良有名于太学，幼学从之游。月书上祭酒芮烨及吕祖谦，连选拔，辄出傅良右，皆谓幼学之文过其师。"

△叶绍翁《止斋陈氏》："止斋陈氏傅良，字君举，永嘉

人。早以《春秋》应举，俱门人蔡幼学行之游太学，以蔡治《春秋》浸出己右，遂用词赋取科第，词赋与进士诗为中兴冠，然工巧特甚，稍失《三元衡鉴》正体。"（《四朝闻见录》甲集）

八月五日，太学解试，经魁。（《行状》）

按：解试，即发解试。按南宋科举制度，行三级试，一是发解试，二是省试，三是殿试。发解试有国子监试（太学试）、开封府试、州府军监试，以及各种别头试（包括锁厅试、漕试、牒试等）。每逢科场年秋季开考，故又称"秋闱"，连考三日，逐场淘汰。发解试是省试的资格试，解试合格，由州或转运司、国子监等按照解额解送礼部，参加省试。据《宋会要辑稿·选举》二〇之二一，是年八月五日丁未，国子监发解。命监察御史陈举善监试，国子司业刘焞、将作少监萧燧、太府寺丞钱侯考试；诸王宫大小学教授钱居仁、太常寺主簿赵粹中、国子正叶翥、武学谕吕昌、太学录袁枢、梁汝永点检试卷。

乾道八年壬辰（1172年）　十九岁

【时事】

二月，以虞允文、梁克家为左、右丞相。张说签书枢密院事，周必大不草答诏，被与外宫观。

五月，立宗室铨试法。

【事迹】

正月初九日，礼部会试第一。

△《宋会要辑稿·选举》一之一七："乾道八年（1172年），正月九日，以翰林学士知制诰兼侍读王曮知贡举，中书舍人兼同修国史兼实录院同修撰赵雄，侍御史李衡同知贡举，合格奏名进士蔡幼学以下三百八十九人。"

△吴子良《蔡行之省试以〈春秋〉为补魁》："蔡行之本从止斋学，既以《春秋》为补魁，止斋遂改为赋以避之。东莱为省试官，得一《春秋》卷甚工，东莱曰：'此必小蔡也，且令读书养望三年。'以其草册投之帐顶上。未几，东莱以病先出院，众试官入其室，见帐顶上有一草卷甚工，谓此必东莱所甚喜，欲置前列者，遂定为首选。"（《荆溪林下偶谈》卷四）

有《论天地之性人为贵》一文。

△《论天地之性人为贵》："人之所以与天地并，皆一本而

已矣。夫苟其本一，则物之盈乎天地间者，宜悉无以异，而岂独贵于人？然验其所形见，察其所禀受，则是一也。其散而为是，偏而不全，参差而不齐者，则物各有得焉。而人之所以为人者，则不然。呜呼！斯人也。固岂有所增益而后至者，盖亦其本然耳。夫惟其本然也，是以与天地并立，而谓之三才，而其充之为圣人者，有以参天地之化也。自斯人不反其初也，则不知所以贵者安在，而后能充之者鲜矣。故夫子示学者以"天地之性，人为贵"之说，且天地吾得而见之矣，其孰为之初也？人与物吾得而见之矣，其又孰为之初也？尝试求所以为天地者，于未判之先，而求所以为人若物者，于有生之始，则天地未判，此一存焉。天地既判，此一寓焉。有天地，然后有人，有万物，而此一形焉。大抵似相因，而非有以次第也。则人固无以异于天地，而万物亦何以异于人乎？今夫虎狼之噬啮，而禽鱼之饮啄，鸿鹄之腾翔，而蚊蚋之杂袭，则是物固有殊分而自适者。鹦鹉之能言，而麟凤之识时，蜂蚕之有别，而鸟乌之知爱，则是物固又有灵而有义者。凡其所以然者，意者其必有初焉，谓之非天地之性，不可也。然惟其禀受之暌，而形见之偏也，是以囿于天地之间，而与人不相似，反观诸人，则入而父子、兄弟、夫妇，出而君臣、乡党、朋友，发而为喜、怒、哀、乐、爱、恶、敬、惧，用而为动、静、语、默、进、退、行、藏，盖天下共由之，而不可以离，此特其显而可见者耳。而其所谓初者，果安在？其独无所同然者乎？且夫匹夫匹妇昧昧而不知者，其事亲从兄之时，则孝悌之心油然而生。推而上之，则一念之诚，皆足以进于善，而至于生生而不可已。又推而上之，则尽人物之性，而天地之化育，实于我乎？赖而谓之圣人，是其所以然而所由生者，其不谓之初也耶！夫固与物同一初也而若是，其殆不若是，无以立三才之道耶！虽然，均是人也，上焉者为圣人，而下焉者日用而不知。苟圣人矣，诚足以参天地。苟日用而不知也，则虽有是性，其异于物者几希矣！人见其如此也，则以为圣人固有大过人者，而又不可以一等论。由是率天地之人而自贱其贵，而圣人愈不可见矣。惟圣人谓是贵者，天地之同然也。天地得之，以为天地，而人得之，未始不可以参天地。故其所以垂世立教者，不徒曰性相近，而必曰成性；不徒曰性善，而必曰养性。夫求性之所以善且相近者，莫切于愚夫愚妇；而所以养而尽其性者，莫若以诚。向使学者致知于其初，而存诚以力行，则习之而日察，履之而日著，其如父子、君臣、兄弟、朋友尽道，其于喜怒哀乐、爱恶敬惧也中节，其于动静语默、进退行藏也皆时措之宜。则圣之事，自吾分内，而何异之有乎？夫子之继斯言曰：'人之行，莫大于孝。'呜呼！此固其初者也，学者能于事亲之时察之，则亦庶几矣。"（《永乐大典》卷三〇〇三《脱颖论》）

△俞文豹《吹剑录外集》："蔡尚书幼学，师陈止斋，乾道壬辰，同赴省试，止斋知其必魁取，乃自下赋卷。已而，师生经赋俱为第一。赋场先试《出圣人之于天道论》，次场

《天地之性人为贵》，其文意步骤，全仿止斋，盖有所授也。"（影印《四库全书》刊本）

礼部会试，陈傅良第二、徐谊第三，温州士子位居前三，名闻天下。

△楼钥《宝谟阁待制赠通议大夫陈公神道碑》："乾道八年（1172年），公之高弟蔡公幼学为省元，公次之，徐公谊又次之。薛公叔似、鲍君渊、刘君春、胡君时等皆乡人，非公之友，则其徒也，尤为一时之盛。"（《攻媿集》卷九五）

按：徐谊（1144—1208年），字子宜，又字宏父，平阳人。乾道八年（1172年）进士，累官宝谟阁待制、建康府知府兼江淮制置使、隆兴知府。与陆九渊、杨简交游密切，学术声名甚著，门下士见称于时者甚众。《宋史》卷三九七有传。

徐谊画像

是月，著作郎林光朝、杨兴宗为省试参详。

△乾隆《福建通志》卷四八《人物六》："杨兴宗，字似之……，与林光朝同校文省，殿擢郑桥、蔡幼学、陈傅良等，时称得人。"（影印《钦定四库全书》刊本）

按：杨兴宗（生卒不详），字似之，福州长溪人。少师事郑樵，后从林光朝学。登绍兴三十年（1160年）进士第，终官湖广提举。著有《自观文集》。林光朝（1114—1178年），字谦之,号艾轩,莆田人。隆兴元年(1163年)进士,终官工部侍郎。谥文节。《宋史》卷四三三有传。

三月十七日,殿试,策对直言时局之弊。

△《宋会要辑稿·选举》八之一三、一四:"(乾道)八年(1172年)三月十七日,上御集英殿,试礼部奏名进士。内出制策曰:'朕丕承大命,司牧兆人,寅畏严恭,惧德弗类。是以顺考帝王之宪,铺寻载籍之传,求其可师,以济于治。惟七制之明后,若三宗之显王。固本培基,则有务德之君;振旅治兵,则有雄材之主。习闻其号,亦观厥成,咸有所偏,未臻于极。若孝文之德,则罪不孥,宫不女,惜露台之费,除租税之征,可谓仁矣。然而恬芒刃之施,释斤斧之用,惟尚宽厚,其威不伸。朕以孝文之文也,而能厉之以武,不亦善乎?若孝武之功,则选明将,讨不服,匈奴远遁,百蛮向风,可谓盛矣。然而积尸暴骨,快心胡越,财略耗而不赡,干戈因以日滋。朕以孝武之武也,而能本之以仁,不亦善乎?呜呼!文者帝王之利器,武者文德之辅助也。文之所加者深,则武之所服者大。唐之太宗,实惟兼之。观其内平祸乱,外除戎狄,安堵黎元,各保生业。史氏所以称其功德兼隆,由汉以来未之有者也。瞻言清风,窃所向慕。伊欲规其行事,跂其成绩。何修何饰,而外户不闭,行旅不赍?何取何营,而断狱几刑措,米斗直三钱欤?家给人足,厥道曷由?仁义功利,四者之宜,当安所施?子大夫习先圣之术,通当世之务,合志度义,其知之矣。其明以启告朕,悉意正论,毋枉执事,朕将亲览焉。'"

　　△《乾道壬辰廷对策》："臣闻有道之世，言路不壅，禁忌不立，而下情毕通。今一介之士，群至阙廷，耳所素闻，而目所骤见者，皆足以扞格其欲言之诚。有如陛下临轩之问，不加圣意，姑应故事而已，则其间虽有能言而不讳者，何益于陛下？愿陛下少留神焉，而臣切言之。"

　　"恭惟陛下天资聪明，措志高远，临治精勤，远出前世，凡百事几靡不灼见，苟有所见，断在必行。臣虽无似，亦足以窥陛下之万一。顾尝以为，陛下资虽聪明而所存未大，志虽高远而所趋未正，治虽精勤而大原不立。陛下反而思，嗣位之初，岂不以太平之效旦暮可待？今既十年矣，不惟无成也。风俗益坏，将难扶持；纪纲益乱，将难整齐；人心益摇，将难收拾；吏慢兵骄，财穷民困，将难正救。陛下亦知之乎？"

　　"臣伏读圣策曰：'丕受大命，司牧兆人，寅畏严恭，惧德弗类。是以顺考帝王之宪，铺寻载籍之传，求其可师，以济于治。'是非盛德之谦辞，是乃为君之常道。若不求贤自辅，与下同心，窃恐寅恭之诚有时必怠，稽古之学无所箴规。顷者陛下耻名相之不正，一旦更制，庶几近古，二相并推，以为美谈。执政大臣骎骎除拜，不问班品，而以为非常之举。臣之愚见，则谓不然。宰相，人主之腹心，天下之根本。诚有老成伟德，学问真儒，历试无疑，久任有绩，使之共政，国将永赖。由是正名，臣复何惑？今也，或以虚誉惑听，自许立功；或以缄默容身，不能持正。陛下病于欲速，始姑且信任，见其相安，复使并进。彼将卒事壅蔽，因以为欺，或者退避知难，强而就列，悠悠岁月，觊不败露。陛下欲望其戒饬启沃之言，安可得乎？就使有之，亦不过顺旨巧辞，谩以塞责。陛下恭畏之诚，将何倚赖而不有阙乎？稽古之学，将何考正而不有失乎？他日知之，悔无及也。比有以和籴强取于民，而因言黜职者，试问其人，则尝为相臣而用之。陛下始任之也，宁不曰'是得人'，今罪之也，宁不曰'是非人'乎？陛下择相，一一如此，而且欲为治，甚为陛下不取也。若夫执政之除拜，则有大不可者。文武之别，有出身、无出身之辨，在古盛时，未闻此法。诚有人仅如前之所言，使参政机，国与有赖，勿问常格，臣亦何忧？今也不然，往往持巧取附益之术，挟猖狂无实之谈，下至于戚姻连属、闺门奔走之小人，亦得攀援附会，分据要涂。今侍从给舍之中，其知有国家者，不忍嘿嘿言而去之矣。其不言不去者，其人可知也。卿监而下至于百执事，盖有待而发者矣；否则，畏忌不敢吐而已矣。否则，将事请托，以求富贵而已。况夫诗书冠带之士，市肆田野之民，苟闻此言，莫不寒心丧气；而宫禁之官官卫士，营垒之列校走卒，不以是轻玩其上，则将由是侥幸于其上。陛下以为是可以安也，此而不改，正气日消，邪气日长，非所以应天顺人者也。他日知之，其悔益甚矣。陛下之圣，奚自至此？盖择相不当壅蔽之渐、顺旨之素，而陛下不悟，恭畏之诚不于是而反思，稽古之学不于是乎知鉴，则亦何用哉？臣故曰十年于兹，非徒无成，而乱日益甚者，所存未大，所趋未正，而大原不立也。陛下苟以为然，则凡所以策臣者，虽不言而有益于陛下；若以为未也，请详及之。"

"圣策曰：'惟七制之明后，若三宗之显王，固本培基，则有务德之君；振旅治兵，则有雄材之主。习闻其号，亦观厥成，咸有所偏，未臻于极。'陛下诚深思焉，所以为基本者必有在矣。如曰雄材务德，均有所偏，则似轻重之不察者。陛下以为固本务德与雄材好武者可同日而语乎？若昔圣王，匹夫匹妇，皆被其泽，蛮夷戎狄，莫不来王，区区雄材，能及此否乎？天下至重也，人主至难也。古人有言：'出则无敌国外患者，国恒亡。'敌国外患之时，庶几人主知所畏敬，不敢伥伥然自谓无虞，所恃以无虞者，惟固根本耳。脱谓吾有不堪之忧，将治兵振旅，奋发其勇，冀必可济，殆恐覆亡无日。臣窃谓后世之君，苟知固本培根，虽威之不振，尚可勉也；苟徒振旅治兵，是亡国之事，况兵未必治哉？陛下不察其轻重，而概曰偏。臣恐陛下与大臣议论之间，有不深求，而大臣亦无以补陛下之阙也。"

"圣策以'孝文有德而无功，孝武有功而无德。欲以孝文之文，而厉之以武；孝武之武，而本之以仁。'陛下试深思焉，二君之所以异者，亦判然矣。然孝文之德，若止如圣策所谓罪不孥、宫不女、惜露台之费、除税租之征，则陛下之慈俭，天下知之，岂少孝文哉？今人心不能如孝文时，陛下尚以为惧，或者斯民之心不可以少节得也。使慈俭遽能得民心，则天下亦易治矣。孝文之为文也，识三代之遗风，而愧不及之，举动必尚中正，用人悉使敦厚，其不敢尚斧斤之用者，岂不能哉？今日之患，正以小人在位，贤者失路，举事不中，人情多惑。陛下苟知一小人，未尝不断然斥逐；苟知一过举，未尝不幡然悔悟。一小人去，而更进者或多；一过事寝，而创立者益大。陛下行之，当时不自觉乎？万一自觉，试省其所以然之故，岂非容有自任妄动、眩惑轻信之心乎？如以臣言为不足信，则文帝二十年间，治几前代，不可厚诬；陛下以其文，而厉之以武，嗣位十年，功当倍之，而乃不称，何也？傥以其无攘夷狄之功，则当是时，匈奴无大患于汉，使景、武继之，益厚其本，则何患其不惩？"

"圣策又谓：'选名将，讨不服，百蛮向风，匈奴远遁，武帝之功，可谓甚盛。'质其本末，此亦夸者之谈。夫汉之匈奴，蕞尔大县尔。汉四五十年，富民足兵，武帝四五十年，竭力用之，虚耗海内，竟不满欲。况今邻国之悖慢，有天下太半，吾将不足用，甲兵不精，人民之耗，已不当武帝之末年矣，尚恐卒有缓急，无以应之，陛下方欲用武，终将若何？且武帝自用兵以来，任将甚重，如卫青、霍去病，固可以横行匈奴中，帝不问其所出微贱，辄尊宠之。自大司马、大将军之权尊，而丞相始轻。公孙弘为相，青方用事，弘苟合取容不净，而终帝之世，相业无有。虽未亡汉，而大司马、大将军之号遂以不废。宣、元用许、史，成帝用王氏，哀帝用丁、傅，而卒为元始之祸。汉所由亡，武帝实为之阶。帝之初心，岂谓至此？徒以尚武宠将，陵夷致败。今陛下已蹈其辙矣，而其人又无一才可取，宰相忍与同列，曾不羞辱，按其罪谴，宜在公孙弘之上。过此以后，未知所终，臣窃悲焉。夫取武帝之武，未施于用兵，而其失已暴露，本之以仁，不亦难乎？陛下悯国运之中衰，卓然有恢复之志，诚思向时之所以中衰者其故安在，则今日之所以恢复者循循有序，决不可自任而妄动，眩惑而轻信也。"

"圣策所谓：'文所加者深，而武之所服者大。唐之太宗，实惟兼之。观其内平祸乱，外除夷狄，安堵黎元，各保生业，史臣称其功德兼隆，由汉以来未之有也。瞻言清风，窃所向慕。伊欲规其行事，跂其成绩。何修何饰，而外户不闭，行旅不赍？何取何营，而断狱几刑措，米斗直三钱欤？家给人足，厥道曷由？'陛下诚深思焉，太宗之所以过人者，亦必有道矣。臣尝考其终身所可言者，不过一二事，而资之聪明、志之高远、力之精勤，有不论焉。盖使徒挟是三者，而不知其本，将安用之？今夫独取孤隋，尽攘群盗，英雄之气，震慑天下。彼魏徵仇人也，仁义之论，直言无忌，太宗亦直从之无他恤，悉心下风，期与致治。以如彼之气，受如此之言，陛下以为轻信者能之乎？今日所用，乃虚诞贪婪之小人，亦既二年，靡补分寸，而又益崇用之，料陛下亦以其可与言恢复耳。使有如魏徵，首以仁义之论至，陛下能从之否乎？此亦太宗之所可言者，而陛下未能也。反覆太宗之书，得其所言，不过求谏。魏徵一病，而谓'数日不见，朕过已多'。《十渐》等疏，开怀领略，纵不能用，亦鲜置罪，故终身赖以寡过。陛下以为自任者能之乎？今宰相奏事，侍从以上已见，百执事亦轮对，皆求谏之路，而最切者台谏耳。迩日之事，陛下发不中节，苟有血气，皆知其非。给舍之缴驳，台谏之章奏，朝廷公论，尚未泯灭，十年之间，涵养士气，仅有此耳。就使欲行者不可回，而敢言者亦可亮。今不旋踵逐之，不忍须臾。彼特人臣耳，雷霆之威，亦焉用暴哉？台谏虚位，二旬有余；侍从迁易，九重自便。陛下亦念祖宗以来，涵养士气，远轶汉唐者，曾如是之雷霆震厉而不顾其体貌；台谏虚位，曾如是之经旬累日而不顾其旷官。太宗之朝，有如是乎？今之直言极谏、奋不顾身者，有如魏徵之戆直者乎？陛下之从谏如流，能大度包容，如太宗乎？"

"故臣以为必上有如太宗之能受直言，而后有如魏徵之直臣。否则，阳博开言路之名，而阴以箝敢言之口，虽延恩之瓯日盈，伏阙之章日上，而于国家之政事、主德之纯疵，无丝毫裨益也。且贪生而恶死者，人之恒情。今雷霆斧钺之威，朝上书而夕即至，无怪乎大臣之以持禄全躯，近臣之以希风阿世，风俗相沿，日甚一日。其弊将至于任事者以生事自危，效忠者以忤旨摈斥，不至于九重深拱，而群臣尽废，多士盈庭，而一筹莫吐，不止也。"

"圣策又以'侍臣之启沃，不能深究乎仁义功利之辨，而多狃于近功小利之说'，此诚正谊明道之本也。夫不谋其利，不计其功者，三代圣王之治也。若近世，则皆未免觊功贪利，间或有成，亦不足法。陛下若稽古昔，以询侍臣，必有所得于此。臣恐侍臣之中，未必皆体此意，或乃因缘为说，实无本源，或乃开导不明，见谓迂阔，不足以坚陛下之诚。诚一不坚，而近功小利之说起矣。以迩日之用人举事，臣知陛下于仁义功利之宜果无定论，而讲之未始明白也。十年之间，九重之上所以图治者不定，而大臣之论治也不明，臣甚惑之。使陛下享国长久，百年而未艾，悠悠碌碌，犹如今日，岂不误天下苍生也哉？"

"陛下复策臣以'习先圣之术，通当世之务，其明以启告朕，悉意正论，毋枉执事，朕将亲览焉'。夫一介之士，群至阙廷，其间岂无可采之议？然世之习为冗熟无用之语抑多矣，陛下苟疾其无用，将并弃而不留神焉则不可。且腐儒之可疾，岂惟人上者疾之，稍知求为有用者亦自疾之。然所贵为人上者，有以阴革潜消，使人回心而转方耳。陛下深欲信任，未尝非儒，必谓是能决国家用也。以臣观之，所谓腐儒，莫大于此。天下之士，以为彼视我无加焉，而皆得尊荣，则虽告之曰'吾疾腐儒'，彼将安信？告之且不信，况欲其自化哉？陛下他日悟所任之不足用，将全归咎于儒，变法更政，只以生乱，而不知反其本。臣窃谓陛下欲用真儒，而不知儒之所以真；徒恶腐儒，而不知儒之所以腐。不先自尽，而见无由明，进贤退佞且不可得，其何以化天下乎？自尽之道，要有攸止。以陛下之圣，日损其过，何所不至？臣虽获戾，其敢避乎？义不可嘿，情难毕陈，臣不胜昧死。"（《育德堂奏议》卷六）

四月十五日，登黄定榜进士。

△《墓志铭》："孝宗亲策，将为上首，公乃言：'陛下始

即位，冀太平旦暮至也，奈何今十年愈益坏乎！'语谆切如家人父子。又宰相虞允文、梁克家虚誉苟容，而张说姨子预兵柄，有许、史、丁传之渐，孝宗初不过也。或疑'天子圣德方日新。公少年论谏，盍顺导婉达。'由是不得高第。"（《叶适集·水心文集》卷二三）

△《宋史》本传："年十八，试礼部第一。……孝宗闻之，因策士将置首列。而是时外戚张说用事，宰相虞允文、梁克家皆阴附之。幼学对策，其略曰：'陛下资虽聪明而所存未大，志虽高远而所趋未正，治虽精勤而大原不立。即位之始，冀太平旦暮至。奈何今十年，风俗日坏，将难扶持；纪纲日乱，将难整齐；人心益摇，将难收拾；吏慢兵骄，财匮民困，将难正救。'又曰：'陛下耻名相之不正，更制近古，二相并进，以为美谈。然或以虚誉惑听，自许立功；或以缄默容身，不能持正。'盖指虞允文、梁克家也。又曰：'汉武帝用兵以来，大司马、大将军之权重而丞相轻。公孙弘为相，卫青用事，弘苟合取容，相业无有。宣、元用许、史，成帝用王氏，哀帝用丁、傅，率为元始之祸。今陛下使姨子预兵柄，其人无一才可取。宰相忍与同列，曾不羞耻。按其罪名，宜在公孙弘上。'盖指张说也。帝览之不怿，虞允文尤恶之，遂得下第。"

授广德军教授。（《宋史》本传、《墓志铭》）

按：据万历《新修广德州志》卷四，宋庆历四年（1044年）诏令路军立学，始置广德军教授一人，以经术行谊训导诸生，掌其课试，而纠正不如规者。熙宁六年（1073年），教授

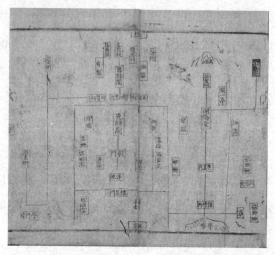

广德府学（明万历《广德州志》）

始命于朝廷。

是月，陈傅良、薛叔似、徐谊、陈谦、陆九渊等登同科进士。（弘治《温州府志》卷一三）

在太学，与陈傅良、徐谊等创举"永嘉文体"，成为时文。

△朱熹《朱子》一一："先生问：'赴试用啥文字？'贺孙（叶味道）以《春秋》对。曰：'《春秋》为仙乡陈（傅良）、蔡（幼学）诸公穿凿得尽，诸经时文愈巧愈凿，独《春秋》为犹甚，天下大抵皆为公乡里一变矣！'"（《朱子语类》卷一一四之一四）

△刘克庄《冯巽甫墓志铭》："君以《春秋》两贡于乡，中省前列……人以方永嘉陈（傅良）、蔡（幼学）二公。"（《后村先生大全集》卷一五七之九）

按：当代学者杨万里《从永嘉文体到永嘉文派》撰文，认为："永嘉文体"指自南宋隆兴年间起，以行之与陈傅良、徐谊等为代表的温州籍进士所倡率的一种新型文体。它既可用于科举（尤其是策论），也可用于平常著述。该文体以经史结合为基础，偏重于阐明经济制度之学，喜论历朝成败之由。行文气势壮阔，议论辨洽宏博，给人耳目一新之感。在文学精神上积极入世，文章为时而发，不务虚言，务求实际切用。在传播上，主张加强学养，使"学与文相为无穷"，同时自觉追求散文技巧。陈傅良还提出了认题、立意、造语、破题、原题、讲题、使证、结尾等一系列写作方法。永嘉文体浮出水面，特别是成为一代文风所向，其流行的盛况颇有记载：楼钥为陈傅良所撰《神道碑》云："公自为举子业，其所论著如《六经论》等文，所在流播，几于家有其书。蜀中文学最盛，读之者无不动色。文体为公一变。至传入夷貊，视前贤尤盛。"李心传《道命录》卷七下："屋场之权，尽归三温人。"三温人，即陈傅良、蔡行之、徐谊三人。（《江海学刊》2011年第1期）

夏，问学于陆九渊，言："幼学之志在于为善。"

△袁燮《陆九渊年谱》："乾道八年（1172年），在行都，诸贤从游。时永嘉蔡幼学行之为省元，连日无所问难，似不能言者，先生从容问其所志，乃答曰：'幼学之志在于为善而已。'先生嘉叹而勉励焉。"（《象山全集》卷三六）

△全祖望《奉临川帖子二》："阁下于徐忠文公而下，蔡文懿公幼学、吕太府祖俭、项龙图安世、戴文端公溪皆为陆子弟子，则愚不能无疑焉。"（《鲒埼亭集外编》卷四四之三）

乾道九年癸巳（1173年）　二十岁

【时事】

二月，诏令监司、守臣革朋比苟且之弊。

八月，诏兴修水利。

十一月，汉州什邡县陈敏政五世同堂，旌表门闾。

是岁，浙东大旱。

【事迹】

是年，赴任广德军教授。（康熙《广德州志》卷一一）

按：据蔡幼学《夫人林氏墓志》云："淳熙八年（1181年）闰三月，予自广德校官调告归省。"依此，是年至淳熙八年（1181年），行之一直担任广德军教授。

是年，重修莘塍安国寺。

△嘉靖《瑞安县志》卷一〇："安国讲寺，在清泉乡新城。乾道间，尚书蔡幼学重建。"（复印稿，瑞安市图书馆馆藏）

浙江省瑞安市莘塍安国寺（2021年7月蔡建设摄）

按：乾道间，瑞安革膝自然灾害连绵不断。乾道二年（1166年）八月十七日，海溢，瑞安溺死二万余人。

明嘉靖《瑞安县志·杂志·灾变》云："飓风挟雨，拔木漂瓦，人立欲仆。夜潮入城，四望如海，浮尸蔽川，存者什一。"当年，大疫。此前四年，后七年均大灾。乾道五年（1169年），夏秋大水，人畜溺死甚众。乾道六年（1170年）五月大水。乾道九年（1173年）旱，无苗。行之一直在外读书，乾道八年（1172年）春，进士及第，回乡报喜。乾道间年号所辖总计九年，故行之修建安国寺时间当为乾道八年（1172年）年底至乾道九年（1173年）间。

五月，朱熹主管台州崇道观，过乐清东皋山艺堂书塾讲学（朱熹《三帅祠记》，隆庆《乐清县志》）。

按：朱熹（1130—1200年），字元晦，号晦庵，祖籍徽州婺源（今属江西），生于南剑州尤溪（今属福建），徙居建阳崇安（今福建省武夷山市），学者称之为考亭先生。他是我国著名

朱熹画像

的思想家、宋代理学集大成者、"闽学"代表人物。绍兴十八年（1148年）进士，任地方官九年，在朝任职仅四十天，官拜焕章阁待制兼侍讲。朱熹为政主张恢复中原，讲求荒政；为

官清正有为，振举书院，被后世尊为"朱子"。《宋史》卷四二
九有传。

　　七月，乡人薛季宣卒于家，年仅四十岁。(陈傅良《薛季宣
行状》)

　　是年，族兄蔡必胜，赴江东充任东南十一将副将。(叶适
《蔡知阁墓志铭》)

淳熙元年甲午（1174年）　二十一岁

【时事】

正月，交趾入贡，孝宗赐其国名为安南，平南王李天祚为国王。

夏，女童林幼玉参加童子科考试，通过考试，特诏封孺人。

【事迹】

是年，续任广德军教授。（康熙《广德州志》卷一一）

四月，陆九渊致书徐谊，问："蔡行之何以不来参部？"

△陆九渊《与徐子宜书》："某无能，连黜铨寺，今始以免试，拟隆兴靖安簿，六年阙。……端木、君举、象先、益之诸兄时相聚否？蔡行之何以不来参部？彭子复、戴少望皆安在？为况如何？前年得少望书，复书颇切磋之，不知其书曾达否？"（《象山全集》卷五）

七月，邑人薛良朋自成都府路安抚使迁四川安抚制置使。（《宋史》卷三四）

淳熙二年乙未（1175年）　二十二岁

【时事】

三月，吕祖谦入闽，访朱熹。

五月下旬，吕祖谦、朱熹会陆九渊、陆九龄兄弟于信州鹅湖，纵论朱、陆之学。

五月，中兴始有赐进士诗，孝宗作《闻喜宴赐进士诗》。

【事迹】

是年，续任广德军教授。（康熙《广德州志》卷一一）

七月，蔡必胜率军讨捕江西茶农赖文政起义，把战功推予地方官员，林光朝将必胜品行与才能上奏朝廷。（叶适《蔡知阁墓志铭》）

淳熙三年丙申（1176年）　二十三岁

【时事】

二月，韩世忠赠谥忠武。

六月，以朱熹屡诏不起，特命为秘书郎，朱熹不就。

七月，禁浙西围田。

十月，罢鬻爵之令。

【事迹】

是年，续任广德军教授。（康熙《广德州志》卷一一）

与林夫人（林信厚之女）完婚。（蔡幼学《夫人林氏墓志》）

△《文懿公行状》："（蔡幼学公）娶平阳林氏，婺州通判信厚之女，年二十四，卒于淳熙八年（1181年）五月甲辰，赠秦国夫人。"（莘塍《蔡氏宗谱》）

按：林氏与行之结婚五年而卒，以卒年逆推得之。

淳熙四年丁酉（1177年）　二十四岁

【时事】

二月，孝宗巡视太学、武学。

七月，立待补太学试法。

九月，命修筑海潮所坏塘岸。

十二月，诏行荐举事实格法。

【事迹】

是年，续任广德军教授。（康熙《广德州志》卷一一）

九月，韩彦直知温州，疏浚环城河道，叶适有《东嘉开河记》。（《叶适集·水心文集》卷一〇《东嘉开河记》）

按：韩彦直（1131年—?），字子温，延安府人，韩世忠之长子。绍兴十八年（1148）进士，官至龙图阁学士，提举万寿观，以光禄大夫致仕，封蕲春郡公。

淳熙五年戊戌（1178年）　二十五岁

【时事】

八月，诏令民间两税，毋以重价强之折钱。

十月，温州知州韩彦直撰《橘录》三卷。

【事迹】

四月，吕祖谦为殿试考官，叶适榜眼及第，徐元德以第四名同榜及第。（《宋会要辑稿·选举》二之二二）。

友人王自中同登第，内兄林韬举右科进士。（弘治《温州府志》卷一三）

按：宋代武举，殿试合格者称右科进士。前文蔡必胜为右科状元。林韬（生卒不详），又名立己，字功龙，平阳人，林信厚长子，行之妻林氏姻兄。历官眉州知州、南剑州知州。民国《平阳县志·人物四》有传。

王自中（1140—1199年），字道甫，平阳归仁乡人，叶衡门人，永嘉学派学者。淳熙元年（1174年），就试两浙转运使，诗赋第一。淳熙五年（1178年）进士，历官光化知军、信州知州、邵州知州、兴化知军。少负奇气，自立崖岸，龋是忤世。《宋史》卷三九〇有传。

是年，续任广德军教授。（康熙《广德州志》卷一一）

是年，蔡必胜召为阁门舍人。（徐谊《吉州刺史蔡公圹志》）

与陈傅良所创的"春秋时文"遭非议。

△朱熹《春秋》："今之做《春秋》义，都是一般巧说，专是计较利害，将圣人之经做一个权谋机变之书。如此，不是圣经，却成一个百将传。因说：前辈做《春秋》义，言辞虽粗率，却说得圣人大意出。年来，一味巧曲，但将《孟子》'何以利吾国'句说尽一部《春秋》。这文字不是今时方恁地。自秦师垣主和议，一时去趋媚他，《春秋》义才出会夷狄处。此最是《春秋》诛绝底事，人却都做好说！看来此书自将来做文字不得；才说出，便有忌讳。常劝人不必做此经，他经皆可做，何必去做《春秋》？"（《朱子语类》卷八十三）

△吕祖谦《尺牍二·与朱侍讲》第十六信："去冬舍弟转致教赐，一一深中膏肓之疾，朝夕玩省，不敢忘。独所论永嘉文体一节，乃往年为学官时病痛。数年来深知其缴绕狭细，深害心术。故每与士子语，未尝不以平正朴实为先。"（《东莱吕太史别集》卷八）

按：行之与陈傅良精通《春秋》，文学、史学皆优，是"春秋时文"旗手。淳熙五年（1178年）闰五月，吕祖谦回朱熹的信——《与朱侍讲》第十六信，首次将春秋时文称为"永嘉文体"。永嘉文体风行离不开吕祖谦的提携，又在释史上与时代需求相联系，经世致用，外加温州举人的成功经验，使得陈傅良、蔡行之等人编选的应举教材，被大部分士子视为应试宝典。由于深蕴功利思想，虽受士子欣慕，却一度招致人批评，吕祖谦、朱熹也不例外。但是，春秋时文是宣扬永嘉学派核心思想的重要载休。

是年，识徐邦宪，器之。

按：王柏《工部侍郎谥文肃徐邦宪墓碑》："弱冠即声动名流，如王蔺、蔡幼学、叶适、徐元德诸公，一见皆器之。"徐邦宪（1159—1214年），字文子，号东轩，婺州武义人。绍熙四年（1193年）进士，官至集英殿修撰、宝谟阁待制。《宋史》卷四〇四有传。由徐谓仁《徐邦宪圹志》可知，徐邦宪生于绍兴二十九年（1159年）正月丙寅，卒于嘉定七年（1214年）五月丙戌，享年五十有六，弱冠之年即二十岁当在淳熙五年（1178年）。

淳熙六年己亥（1179年）　二十六岁

【时事】

六月，建丰储仓。

八月，罢诸路监司、帅守便宜行事。

十二月，颁《重修敕令格式》。

是岁，温、台州大水，和州旱。

【事迹】

是年，续任广德军教授。（康熙《广德州志》卷一一）

冬十月，朱熹复建白鹿洞书院，吕祖谦为之记。（吕祖谦《白鹿洞书院记》）

是年，陈傅良在福州通判任上，助梁克家编成《淳熙三山志》。（陈振孙《直斋书录解题》八）

《蔡幼学传》（明嘉靖《广德府志》）

淳熙七年庚子（1180年）　二十七岁

【时事】

五月，周必大参知政事。

八月，辛弃疾在湖南创建飞虎军。

【事迹】

二月二十五日，蔡必胜充武学公试考校官。（《宋会要辑稿·选举》二二之三）

三月十八日，白鹿洞书院建成，朱熹自任洞主，作《白鹿洞赋》，定《白鹿洞书院学规》。（朱熹《答吕伯恭》书八五）

是年，续任广德军教授。（康熙《广德州志》卷一一）

同郑静仁完婚。

△《文懿公行状》："继娶永嘉郑氏，福建提刑郑伯英公之女，年六十六卒于绍定辛卯（1231年）四月乙巳，赠卫国夫人。"［宣统二年（1910年）莘塍《蔡氏宗谱》］

△蔡篪《默斋泣血铭》："先妣姓郑氏，……性明悟超绝，少小居二父侍旁，亲服教诲，耳受心解，终身不忘。古今数千载，治忽贤否，大略皆能诵说。伯父酷爱之，尝曰：'此女殆不可及！'既笄，嫁先君文懿蔡公，讳幼学。"

△蒋重珍《兵部尚书文懿公夫人郑氏墓志铭》："夫人少未

归，日在旁服事，性超悟敏慧，口授以书，心辄默解不忘。尝为伯父所酷爱。及笄归文懿也。"（莘塍《蔡氏宗谱》）

是年，侄蔡篪牒请侍郎大监奏补将仕郎、监隆兴为都舍。（莘塍《蔡氏宗谱》）

淳熙八年辛丑（1181年）　二十八岁

【时事】

六月，史浩荐薛叔似、杨简、陆九渊、陈谦、叶适、袁燮、赵善誉等十六人，诏并赴都堂审察。

十二月，朱熹社仓法下于诸路。

【事迹】

闰三月，自广德军校官谒告归省，夫人林氏赴临安见长兄林韬。

△蔡幼学《夫人林氏墓志》："淳熙八年（1181年）闰三月，予自广德校官谒告归省。林氏适至其兄，方待母安人黄氏，官临安，故中止焉。"（莘塍《蔡氏宗谱》）

四五月间，陈亮第四次永嘉之行。

按：据周梦江先生《陈亮永嘉之行及其目的》（《浙江社会科学》2005年第6期，163页）：陈亮永嘉之行第一次为淳熙三年（1176年）春，淳熙七年（1180年）春、秋又来了两次，这次实际上是陈亮第四次永嘉之行。（《叶适集·水心文集》卷二三）

与陈亮促膝论学。

△《墓志铭》："（行之）资凝重，危坐竟日，或不通一

词。龙窟陈同甫言：'吾常与陈君举极论，往往击杯案，声撼林木。行之在旁，邈若无闻。吾颇讷之，众亦云素无长短于间也。一日，客尽散，忽语吾：'道一尔，奚皇帝王霸之云。'吾方辨数，而行之横启纵阖，援今证古，厘为十百，聚为一二，抵夜接日，若悬江河，吾谢不能乃已，则复寡言默默如故，虽并舍连榻不知也。'"

△《宋史》本传："器质凝重，莫窥其际，终日危坐，一语不妄发。及辨论义理，纵横阖辟，沛然如决江河，虽辩士不及也。"

按：陈亮（1143—1194年），字同甫，号龙川，婺州永康龙窟（今浙江省永康市龙山镇桥下村）人。以布衣而论天下事，气势纵横，喜谈兵事，反对偏安，曾两度入狱。绍熙癸丑（1193年）状元，官授签书建康府判官公事，未

陈亮画像

及就任而逝。谥文毅。其才气超迈，词作豪放，笔锋犀利。倡导经世济民，创立永康学派。《宋史》卷四三六有传。

五月二十九日，夫人林氏因难产去世，年仅二十四。（莘塍《蔡氏宗谱》）

△蔡幼学《夫人林氏墓志》："［淳熙八年（1181年）］余遽罗大故，林氏欲归未可及。将乳，以书报余曰：'余积忧

成疚，惧弗克，支修短命也，愿以同穴为托。'后五日，果卒。卒以五月甲辰。归余五阅岁，三孕不遂，竟而毙，年二十四。"（莘滕《蔡氏宗谱》）

夏，吕祖谦致书陈亮，称："行之有安齐之志，可惜不拈出一搭击之。"

△吕祖谦《与陈同甫》："……陈益之（陈谦）留意礼学，甚善。蔡行之有安齐之志，可惜不拈出一搭击之。梅雨后千迈见过，为十日欸。今年缘绝口不说时文，门前绝少人迹，竹树环合，大似山间。若得复听快论，则石桥、龙湫不必远求也。"（《吕东莱集》卷一○）

七月，郑伯熊卒于建宁知府任上（孙衣言《大郑公行年小纪》5932页）。

七月二十九日，吕祖谦病逝于家，享年四十五岁（《圹记》，《东莱吕太史文集》附录卷一）。

是年秋冬，与同年进士蜀人王德修游览仙岩等地，又同永嘉诸儒在松风轩吟诗为其送行。

△陈傅良《分韵送王德修诗序》："右松风轩分韵送行诗，十有四家：赵容字叔静，翁玨字处度，魏谦光字益之，王自中字道父，徐谊字子宜，项允中字子谦，陈直中字颐刚，潘雷焕字省之，徐宏字蕴之，蔡幼学字行之，潘霆字材叔，潘倩字尚之，张东野字孟皋，郑志仁字能之。子宜、省之、行之皆与德修为同年进士，诸人或与久故，或相识，或不相识也。能之与叔父伯英去华，则以故龙图先生尝客德修于宣城，去华方衰

麻，故不与分韵事。"（《陈傅良先生文集》卷四〇）

按：时年秋冬，伯熊去世不久，伯英方衰麻；行之因林氏去世，八月归殡仪于家，不在广德教授任。另，陈傅良先后有诗《约同舍蜀人王德修三首》《次德修仙岩韵》《再用韵呈德修》，其中有"一日一见犹为稀，如何十年见无期"句。此年，恰是他们太学分别后十年，故云。

淳熙九年壬寅（1182年）　二十九岁

【时事】

正月，赈两浙饥荒。

七月，朱熹在浙江购粮赈灾。

【事迹】

六月十一日，长子籥生。（莘塍《蔡氏宗谱》）

△林彬之《冲佑知府华文阁大监朝议大夫籥公行状》："蔡籥，字和甫。其先闽人，五代时徙从温之平阳，析居瑞安。公乃庆元勋臣光禄大夫必胜公之子。初生时，文懿鞠养于家为子。"

按：蔡籥（1182—1251年），字和甫，号默庵，瑞安莘塍人，原系武状元蔡必胜五子，继为蔡幼学长子。嘉定己巳年（1209年）以文懿明经恩补承务郎，初注饶州浮梁景德镇，累官嘉兴知州，直华文阁，主管冲佑观，积阶朝议大夫。晚年在莘塍建蔡文懿祠。

蔡籥画像

八月，朱熹移文温州，提出撤毁州学中之秦桧祠。（朱熹
《除秦桧祠移文》）

是年，父端卿卒，丁忧居家。（《行状》）

十一月十七日，妻林氏归葬于永嘉洋岙山西原。

△蔡幼学《夫人林氏墓志》："林氏卒以［淳熙八年（1181
年）］五月甲辰，归殡于家以八月己未，葬于永嘉洋岙山西
原，以明年十有一月丙申。"（莘塍《蔡氏宗谱》）

淳熙十年癸卯（1183年） 三十岁

【时事】

三月，李焘上《续资治通鉴长编》全书，《举要》六十八卷。

六月，监察御史陈贾请禁伪学。两浙水灾。

【事迹】

是年，丁父忧居家。随陈傅良游，执教于南湖茶院寺学塾。

△弘治《温州府志》卷二："南湖塾，在城南厢茶院寺东，乃毛先生窬立。始延陈止斋先生初开讲，名为书社。后蔡尚书（行之）、叶水心、陈潜室继之。"

淳熙十一年甲辰（1184年）　三十一岁

【时事】

二月，令两淮、京西、湖北路阅民兵万弩手，拘集比试。

五月，核实温州、处州流民，除落丁籍贯。

七月，泉州、福州、兴化军饥荒。

【事迹】

继续执教于南湖茶院寺学塾。

春，同陈傅良、徐谊、王自中、瑞安县令刘龟从，游金岙赵园。

△陈傅良《瑞安县宰刘伯协载酒游赵园叔静道甫子宜行之同集小雨喜霁》："上巳所余春有几，不堪风雨付春愁。君能载酒知谁侣，我欲看花不自由。倚岸小舟谋未定，隔林斜日故相投。莓苔踏遍篝灯去，收拾残红插满头。"（《陈傅良先生文集》卷五）

按：刘龟从（生卒不详），字伯协，刘公非曾孙。据民国《瑞安县志稿·职官门》卷一〇一，淳熙十年（1183年）始任瑞安知县。在任期间，重修石岗陡门，重修县学，陈傅良先后有《重修石岗斗门记》《重修瑞安县学记》。赵园，在瑞安金岙（今浙江省瑞安市汀田街道金岙村），旁有翠阴洞，是宋代文人墨客游览之地。

四月，郡人林士谦中进士。

按：林士谦（生卒不详），永嘉人，朱子门人。淳熙十一年（1184年）进士。历官雷州府学教授、祁门知县、广东提举市舶。曾纂修庆元《雷州图志》，有《光禄大夫文懿蔡公行状》。

次子蔡节出生（莘塍《蔡氏宗谱》）。

按：蔡节（1184—1254年），字达甫，号觉庵，又号斗峰。以父恩赐迪功郎，初任浮梁主簿，历官衢州知州、集英殿修撰、湖州知州、沿海制置使、司农卿兼检正、朝议大夫。为官奉公守

蔡节画像

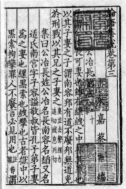

蔡节著《论语集说》局部（宋淳祐刊本）

正，曾改建湖州安定书院，许应龙有《蔡节除司农卿兼检正制》行词。著有《论语集说》十卷，《资治通鉴纲目》。

又按：《论语集说》入编《四库全书》，馆臣称"间参己意，词约理赅，非诸家所能及"。宋淳祐六年（1246年）姜文龙湖州泮宫刻本，框高二十三点九厘米，广十五点八厘米；半叶十行，行十八字，小字双行；白口，左右双边。有"东宫书府""成亲王""诒晋斋印"等印，列《第一批国家珍贵古籍名录》，现藏于中国国家图书馆。

是年冬，调潭州教授。

△《宋史》本传："丁父忧，再调潭州。"

△《墓志铭》："通议卒，待潭州教授阙。"

按：陈傅良《东村澄觉寺北山宋太恭人陈氏墓暗志文》："孙女四人：次许嫁新潭州教授蔡幼学。……当乙巳二月庚辰日卒。……其年五月己酉，宣教郎新榜发遣桂阳军事陈傅良书。"文中乙巳年，即为淳熙十二年（1185年），故蔡幼学任潭州教授当为淳熙十二年（1185年）前。

是年，陈傅良和林懿仲创办仙岩书院。（孙锵鸣《陈文节公年谱》，敬乡楼丛书本，十一页）

淳熙十二年乙巳（1185年） 三十二岁

【时事】

正月，孝宗谕辅臣，诸路狱案多稽滞，其间久不决者，各取一二件上，仍命罚之。

五月，地震。

九月，湖州、台州水灾。

【事迹】

正月初二日，侄蔡简出生。

△莘塍《蔡氏宗谱》："蔡简，字钦甫，生于淳熙乙巳（1185年）正月。"

△蔡筼《主管华州云台观大理正朝请蔡公圹志》："兄（蔡简）生于淳熙乙巳（1185年）正月丙戌，卒于景定壬戌（1262年）八月丙申，享寿七十有八。"（莘塍《蔡氏宗谱》）

按：蔡简（1185—1262年），字钦甫，幼诚之子。少颖悟，受行之器爱。以文懿明经恩

蔡简画像

补入仕，以清节著称。历官黄岩知县、婺源知县、大理正、南剑州知州，主管台州崇道观。《婺源县志·名宦》有传，存诗四首。

九月，蔡必胜即将赴任邵州知州，孝宗有《蔡必胜接送伴御笔》，周必大有《回奏》。

△孝宗《蔡必胜接送伴御笔》："淳熙十二年（1185年）九月，蔡必胜人材举止堪充接送伴等职事，却缘赴上任在十二月间，有此相妨，当作如何，那融奏来。"周必大《回奏》："臣蒙圣问：'蔡必胜人材举止堪充接送伴等职事，却缘赴上任在十二月间，有此相妨，当作如何，那融奏来。'臣契勘必胜阙虽在十二月间，若欲使令，不过迟赴数月。自来固有阙到逾半年而赴者。既见任自有太守，似亦无害。不然如蕲州阙止一年余，必胜若蒙亲擢，足为终生之荣，岂应许此年岁间阙？二者更在圣裁。"（《奉诏录》四，《文忠集》卷一四九）

是年，续任潭州教授。（乾隆《长沙府志》卷二〇）

淳熙十三年丙午（1186年）　三十三岁

【时事】

正月，庆太上皇赵构八十寿礼。

四月，没官田产入常平。

【事迹】

是年，续任潭州教授。（乾隆《长沙府志》卷二〇）

正月十三日，三子蔡策生。

△莘塍《蔡氏宗谱》："淳熙十三年（1186年），正月十三，三子蔡策出生。"

按：蔡策（1186—1228年），字及甫。以文懿公恩补承务郎，转承事郎，福建怀安丞，赠奉议郎，监建康府粮料院。

是年，侄蔡筥乡试第一，入太学。（莘塍《蔡氏宗谱》）

是年，侄蔡簨卒。

是年，作诗悼修职郎吕德文（吕声之父）。

△陈傅良《修职郎吕公墓志铭》："……公享年七十四，亦寝室疾五日，盥漱栉縰乃宣逝，淳熙年间乙巳（1185年）二月十日也。孤元之将以丙午十有二月某日葬公于郎柯之陈岩。其弟声之来乞铭，铭未就，声之不胜悲。余与武弟，同郡徐铖、王自中、彭仲刚、徐谊、蔡幼学皆以诗悼公。……"（《止斋先生文集》卷四九）

淳熙十四年丁未（1187年）　三十四岁

【时事】

二月，周必大除右丞相，施师点除知枢密院事。

七月，赈台州、处州、绍兴府等州旱灾。

九月，令湖北、京西措置民兵。

十一月，皇太子始参决庶务。

【事迹】

是年，续任潭州教授。（乾隆《长沙府志》卷二〇）

春，施师点荐举于朝，除敕令所删定官。

△《墓志铭》："执政言：'蔡幼学未登朝可惜。'孝宗遽肯，首问：'年几何矣？何以名幼学？'施参政奏：'《孟子》云，幼而学之，壮而欲行之，故幼学其名，行之其字。'上仡思，慨然曰：'今壮矣，可行也已！'差敕令所删定官。"（《叶适集·水心文集》卷二三）

按：据《宋史·宰辅四》卷二一三，施师点于淳熙十年（1183年）八月以签书枢密院事兼权参知政事，淳熙十四年（1187年）二月知枢密院事。可知，施师点推荐一事，当在淳熙十四年（1187年）二月前。

△《宋史》本传："执政荐于朝，帝许之，且问：'年几何

矣？何以名幼学?’参政施师点举《孟子》‘幼学壮行’之语以对。上仁思，慨然曰：‘今壮矣，可行也。’遂除敕令所删定官。”

按：《宋史职官志补正》载：宋代重编敕，敕令所系宋时差宰执提举编修敕令事，仁宗始设，乾道六年（1170年）复置编修一司敕令所，淳熙十五年（1188年）六月罢。删定官，为敕令所提举的下属官员，负责敕令删定工作。施师点（1124—1192年），字圣与，上饶永丰人。绍兴十七年（1147年）进士。历官权礼部侍郎、签书枢密院事等职，后拜参知政事兼同知枢密院事、资政殿大学士，赠金紫光禄大夫。《宋史》卷三八五有传。

三月，知州沈枢重修南塘河（今浙江省温州市温瑞塘河），陈傅良撰《温州重修南塘记》，冬始赴桂阳军。（《止斋文集》曹叔远序）

约是年，作《田园》诗曰：“野水萍无主，清风草自香。庭阴新似染，物色去如忙。岸树鱼依绿，畦花蝶斗黄。家园向来梦，静数四年强。”（陈世隆《宋诗拾遗》卷一七、厉鹗《宋诗纪事》卷五四）

十二月，三上《淳熙轮对札子》，首言：“大耻未雪，境土未复，不容以不为。陛下睿知神武，决可以有为。而苟且之议，委靡之习，顾得以缓陛下欲为之心。”

△《淳熙轮对札子一》[淳熙十四年（1187年）十二月]：“有高世之德，必有高世之功。圣明之所独见者，犹蔽于

群议之难合；圣志之所独存者，犹牵于积习之难变。此其故何也？大功之成，固非易事。论今日之义，则大耻未雪，境土未复，不容以不为。质诸古帝王之事，则陛下之睿知神武，决可以有为。以可以必为之资，处不可不为之义，而苟且之议、委靡之习，顾得以缓陛下欲为之心，臣窃为陛下惜之。人主之所欲为，诚出于大义之当然，则亦何令而不从，何施而不遂？特在陛下深思而自决之耳。短丧之陋，其来久矣，自圣心一定，而千载已废之礼复行于今。陛下傥由是而充之，则独见之明固可以破苟且之议，独断之志固可以回委靡之俗，而何患于大功之不立乎？"

△《淳熙轮对札子二》："图天下之大功者，非可轻动而尝试之也，必先定其大纲。今日之弊，官冗而不任事，法密而不胜奸，民困于财而患财之弗裕，财耗于兵而患兵之弗强。边面千里，无堤防之实；列郡十数，无画一之规。屯田未加辟，民兵未尽练。缓之而弗图，则亦不可以有为。夫国论因循，而不为长久之虑；边防苟简，而不足以成远驭之略。则是中外之所从事者，皆异于圣志之所欲为，陛下之功孰与成哉！愿陛下作新治道，而任有为之责。凡今之弊，协志而讲明之，循序而变通之。至于边阃之寄，精择其人，而重其权，久其岁月，示以一定之模，而责其戮力同心之效。所谓定天下之大纲者，此其略也。今之议者皆曰待时，然当闲暇先事之日，而不免惟苟且委靡之徇，则虽有其时，将何以应之？诚汲汲于大纲之务，内治既修，边防既实，则进退伸缩，全惟陛下之意，其为时孰大

焉?"

△《淳熙轮对札子三》:"一世之材,自足周一世之用,在人主用舍如何耳。夫世所谓真贤实材,至诚而许国,可以受人主腹心之寄者,能几人哉?中材之士,互有短长,而又守正者寡,怀邪者众。自昔愿治之君,每失于中材者,无他,惟用过其分,始见其所长,而终累于其所短也。贤材登用,群臣晓然知圣意之所在,则所谓中材者皆将激昂洗濯,各出其所长,以为陛下用,而陛下得以兼收而器使之矣。若夫情状之已见,过失之已彰,则有黜责焉。陛下恶夫浅陋阘茸者之窃位,诚察其甚者黜之,则有志者劝矣。陛下恶夫朋邪徇私者之害治,诚取其显者罪之,则公正者伸矣。如是,则贤否当位,小大率职,而陛下有为之志遂矣。故用舍之权,在陛下断之而已,而何人材不足之虑乎!"(蔡幼学《育德堂奏议》卷一)

是年,季子蔡范出生。

△陈昉《实录院修撰徽猷阁直学士赠光禄大夫惠公行状》:"公号范,字遵甫,先世自闽徙居永嘉,……(宝祐)三年(1255年)五月六日,卒于正寝,年六十九。积阶通奉大夫,爵永嘉郡侯,进徽猷阁直学士致仕。"

按:以卒年推知时年出

蔡范画像

生。蔡范（1187—1255年），字遵甫，号修斋。以父任赠从政郎，初调常州犇牛监镇，累官集英殿修撰、兵部侍郎、刑部侍郎、华文阁直学士、徽猷阁直学士，赠光禄大夫。谥文惠。著有《国朝通志》百二十册。洪咨夔有行词，刘克庄有《赐宝制蔡范辞免除刑部侍郎不允诏》《挽蔡遵府阁学二首》。蔡范曾同蔡襄后人互通家谱，得以收藏蔡襄《茶录》。

是年，三弟幼仪卒。（莘塍《蔡氏宗谱》）

淳熙十五年戊申（1188年） 三十五岁

【时事】

正月，复置左右补阙、拾遗。

八月，陈亮上《万言书》。

十二月，朱熹通过"铜匦"上封事，孝宗秉烛读之。

【事迹】

春，仍在敕令所删定官任。

是年，母黄氏辞世，陈亮有《祭蔡行之母太恭人文》。

△《行状》："年三十五，丁母硕人黄氏忧。"

△陈亮《祭蔡行之母太恭人文》："呜呼！以太恭人之盛德，而不及竟寿考以成子之养；以令子之纯孝，而不及登华要以致养其母；此朝士大夫之所共叹嗟，朋友之所为流涕，而天之所以为天，其不可知者类如此也。虽然，太恭人之寿及中矣，令子亦有列于朝矣，夫君既没，整齐家道，母子相依为命以致菽水之欢者，又数年于此矣。诸子稍稍自见头角，而为母为兄者亦庶几可以无负矣。等高下而较之，虽太恭人之母子所以自尽者甚至，而天之所以报人者亦不至于甚谬戾而不可合也。五福之难全，其来非一日，而一事之称心，亦有自归于九泉。况其可以自宽者，不既已多乎！归从夫君而两爱子左右

之，责当门户而四兄弟先后之，死者无所憾，生者未易毕。朋
友之救，不能匍匐；樽酒之酹，有如曒日。"（《龙川文集》卷
之二五）

是年，丁母黄氏忧，居家。（《行状》）

是年，创莘塍学塾。

△周梦江《对科举等制度的批评》："宋代教育事业比过去
发达。私学更有很大发展，各地有书院。以温州来说，南宋有
陈傅良的仙岩书院，永嘉有茶院寺学塾，瑞安有新城（莘塍）
学塾。"（《叶适与永嘉学派》285页）

淳熙十六年己酉（1189年）　三十六岁

【时事】

正月，以周必大、留正为左、右丞相。

二月，孝宗诏令内禅，皇太子赵惇即位，是为光宗。

是年，温州大饥，春田无力耕种。

【事迹】

是年，丁忧居家，执教于莘塍学塾。

二月，陈傅良赴任提举荆湖南路常平茶盐事，后迁转运判官，讲道岳麓书院。（《故宝谟阁待制致仕赠通议大夫陈公行状》、刘宰《漫塘集》卷二八《故兵部吴郎中墓志》）

二月，蔡必胜在知光州赴任途中，接光宗圣旨，改任带御器械阁门舍人。（《蔡知阁墓志铭》《吉州刺史蔡公圹志》）

绍熙元年庚戌（1190年）　三十七岁

【时事】

二月，申明御史弹奏二十条。诏孝宗典章法度，类编成书，当遵而行。

【事迹】

是年，丁忧期满，以太学录召，未行。改武学博士。

△《墓志铭》："硕人黄氏卒，除太学录，未行。或请武学参用儒臣，为其博士。不久，乃为太学博士。"

△《行状》："起入太学录，未行。为武学博士。"

叶适有《送蔡学正》诗，云："炼尽刚成与物和，峥嵘夜气合清磨。好溪新涨连天绿，近晚无风亦不波。"（《叶适集·水心文集》卷七）

四月二十五日，友人曹叔远、周南、赵师秀、郑伯谦同登进士第。（弘治《温州府志》卷一三）

按：周南（1159—1213年），字南仲，号山房，平江（今江苏省苏州市）人。从叶适讲学，为黄度女婿。为文辞雅丽精切，达于时用，每以世道兴废为己任。历官文林郎、池州教授。《宋史》卷三九三有传。

赵师秀（1170—1220年），字紫芝，号灵秀，永嘉（今浙江省温州市鹿城区）人，人称"鬼才"。"永嘉四灵"之一，开创"江湖诗派"一代诗风。历官上元主簿、筠州推官。

郑伯谦（生卒不详），字节卿，永嘉（今温州市鹿城区）人。郑伯熊堂弟，永嘉学派学者。历官修职郎、衢州府学教授、临江知军，召为大理寺正，后差常德知府，提举常德澧辰沅靖州兵马。著有《太平经国书》十二卷，以传播"洛学""关学"自命。

八月二十日，蔡必胜以福州观察使名义出使金国，贺金章宗天寿节。

△《金史》卷六二《表》第四："章宗明昌元年（1190年）八月己酉，宋显谟阁学士丘崈、福州观察使蔡必胜贺天寿节。"

△《金史纪事本末》卷三七："章宗明昌元年（1190年）八月己酉，宋使贺天寿节，正使为显谟阁学士丘崈，副使为福州观察使蔡必胜。"

绍熙二年辛亥（1191年）　　三十八岁

【时事】

正月，命两淮行义仓法。

三月，温州大风，雨雹，田苗桑果荡尽。

八月，宽免两浙榷铁之禁。

十一月，李皇后跟孝宗交恶。

【事迹】

正月，改太学博士。

△《宋史》本传："光宗立，以太学录召，改武学博士。逾年迁太学。"

八月，擢秘书省正字。（陈骙《南宋馆阁续录》卷九）

约是年，采《国史实录》等书，始编《国朝实录列传举要》十二卷，起宋初，止神宗。

△马端临《文献通考》卷一九七："《国朝实录列传举要》十二卷，蔡幼学撰。幼学采《国史实录》等书，为《国朝实录列传》以拟传，起国初，止神宗朝。"

△王应麟《玉海》卷四七："蔡幼学为《续公卿百官表》《年历》《大事记》《备志》《辨疑》《编年政要》《列传举要》等百余篇。……又《国朝实录列传举要》十二卷，起国初，止神宗。"

绍熙三年壬子（1192年） 三十九岁

【时事】

正月，光宗有病不视朝，起居舍人陈傅良上疏谏言。

七月，泸州骑射卒张信等发动叛乱。

【事迹】

二月二十五日，任铨试、公试、类试考校官，陈傅良任考试官。（《宋会要辑稿·选举》二一之五）

四月，岳丈郑伯英卒，陈亮有《祭郑景元提干文》。（叶适《郑景元墓志铭》）

十月，兼实录院检讨官。（《南宋馆阁续录》卷九）

十一月，三上《绍熙轮对札子》，建言："一代之治，天命之所由集，人心之所由归。不以基本之深长为可恃，而思所以兴中否之运；不以东南之苟安为可幸，而思所以复未归之版图。""讦谟启沃之际，不以细务妨大谋；论思献纳之地，不以近利忽远虑。何道而可以裕民力，何策而可以实边备，讲之而有源流，行之而有次序。""经理之方，宜自久任始。凡边郡之寄，用惟其材，勿轻除代。其经画有方，劳效可纪者，宠以职秩，因而任之。庶几吏思称职，民有固心，得以兴利去弊，以为长久之计，诚备边之先务也。"（《奏议》卷一）

十二月，陈傅良因撰写《孝宗皇帝圣政》有功，转一官，迁起居郎，楼钥有行词。（楼钥《起居舍人陈傅良起居郎制》，《攻媿集》卷三九）

十二月四日，秘书省上《孝宗皇帝会要》八十卷，行之参与修撰。（《南宋馆阁续录》卷四）

是年，始编修《国朝编年政要》。

△王应麟《玉海》卷四七："《国朝编年政要》，蔡幼学，四十卷，起建隆，止靖康，纪政事大略，其体皆编年法，惟每岁先列宰执拜罢为异。又《国朝实录列传举要》十二卷，起国初，止神宗。"

△赵希弁《读书附志》上卷五："《国朝编年政要》四十卷，右兵部尚书太子詹事蔡文懿公幼学所编也。自太祖建隆之元，迄于钦宗靖康之末，祖《春秋》之法，而参以司马公《举要历》、吕氏《大事记》之例，《宰辅拜罢表》诸年首。其子朝请大夫直秘阁提举福建路常平义仓茶事篇叙而刻之。"

按：据燕永成《兼论宋代的纲要体史书》（《皇宋十朝纲要校正·前言》）一文，南宋除李埴《皇宋十朝纲要》之外，此类纲要体史书还有《宋朝编年政要》（凡四十卷，系蔡行之所撰）。该书以本朝官修的实录、国史等为取材对象，简明记述北宋九朝历史；在编排方式上，则于每岁之首先列宰执拜罢，主体部分则按照编年记载朝廷大事，并且类似于国史的本纪形式。行之系陈傅良的学生，善治《春秋》，曾参与过官方的修史活动。平时注重对历代典章纲纪的研究，具有丰富的官修史经验，对纪传体史书极为熟悉。因此，将纪传体国史中表、志的内容及做法创造性地吸收进自己的史著。（李甫撰，燕永成校正《皇宋十朝纲要校正》）

又按：陈均在《皇朝编年备要·引用诸书》中指明，曾参据行之《十朝政要》（即《国朝编年政要》）。（《凡例》九，《皇朝编年备要》，清经鉏堂抄本）

绍熙四年癸丑（1193年）　四十岁

【时事】

十月，光宗将朝重华宫，皇后阻止。秘书省官吏请求朝重华宫，疏三上，不报。

十一月，因赵彦逾等人再次力谏，光宗才朝见重华宫。左丞相留正复视事。

【事迹】

正月，与陈棣、陈岘等俱任贡举考试官，友人徐邦宪为省元。（《宋会要辑稿·选举》二二之一二）

撰写《至尊寿皇圣帝会要》有功，序进一阶，陈傅良有行词。

△陈傅良《迪功郎秘书省正字蔡幼学该进至尊寿皇帝会要转一官》："敕具官某：载笔东观，迄于成书。序进一阶，可谓德赏。益修铅椠，以昌尔文。二典三谟，亦其选也。可。"（《陈傅良先生文集》卷一二）

五月初四日，陈亮状元及第，平阳黄中登同榜探花。（《宋会要辑稿·选举》二之二九）

二十三日，奉命恭和御制赐陈亮以下诗一首。（《南宋馆阁续录》卷五）

六月初三日，上疏请求废止姜特立召命。时，左相留正提出辞职，并擅自"待罪"城外。

△《宋史》卷三六《光宗本纪》："绍熙四年（1177年）六月丙申朔，留正出城待罪。……戊戌，秘书省著作郎沈有开，著作佐郎李唐卿，秘书郎范仲黼、彭龟年，校书郎王奭，正字蔡幼学、颜棫、吴猎、项安世上疏，乞寝姜特立召命。"

八月，除秘书省校书郎兼实录院检讨官，楼钥行词。（《南宋馆阁续录》卷八）

△《墓志铭》："召试秘书省正字兼实录院检讨官。迁校书郎、著作佐郎。"

△楼钥《太常博士陈棣秘书丞著作佐郎李唐卿著作郎秘书郎范仲黼著作佐郎校书郎玉奭秘书郎正字蔡幼学校书郎制》："敕具官某等：道山群玉之府，聚天下英俊其间，所以涵养器业，以为进用之储也。尔棣以容台议礼之旧，尔唐卿、尔仲黼登瀛既久，尔幼学给札著闻，或分典丞郎之职，或者序进著作之庭，校雠未见之书，不改共二之故，职优选遴，孰迈于此？其思称崇奖之意，以为邦家之光。"（《攻媿集》卷四一）

秋，在南湖张园，为常州太守黄灏、上饶太守石昼问钱行。时，陈傅良、彭龟年、黄裳、章颖、薛叔似、范仲黼、曾三聘、李谦、吕祖俭等十人雅集。（陈傅良《张园送客分韵诗序》）

十一月，蔡必胜除知阁门事，陈傅良有行词。

△陈傅良《带御器械蔡必胜除知阁门事制》："敕具官某：

昔者仲尼设科，可使束带与宾客言者，皆高弟也。矧吾上阁，四方于此乎观礼，而可不用士乎？尔以诸生习孙吴，对策为天下第一，操履趋尚，学士大夫也。寿皇嘉之，骎骎膴仕。朕方潜邸，每视朝，辄属意汝，以为可在左右。肆我嗣服，首加趣召。俄而衔恤，适今来归。是用命汝，典我阁事。夫不以寒素处私人，不以学问望著右列，其来尚矣。自我作古，追复仲尼之遗意，尔其懋哉！以图忠报。可。"（《陈傅良先生文集》卷之一四）

约是年，作成《皇朝宰辅拜罢录》一卷。

△《宋史·宰辅表序》："宋自太祖至钦宗，旧史虽以《三朝》《两朝》《四朝》各自为编，而年表未有成书。……自时而后，曾巩、谭世勣、蔡幼学、李焘诸人，皆尝续为之。"

△《文献通考》卷一九七："又为《宰辅拜罢录》，起建隆尽绍熙，年经而官纬之。又以司马光《百官公卿表》起建隆讫治平，乃为《续表》，终绍熙，经纬如《宰辅图》。上方书年纪大事，下列官，详记除、罢、迁、卒月日，而大事止及靖康，后未及录，以拟表。"

修撰《续百官公卿表》二十卷。

△魏了翁《蔡文懿百官公卿年表序》："……而永嘉蔡公又自治平以讫绍熙，不相袭沿，自为一表，不惟近接文正之编，亦以远述太史公之意。其子范，出是书属叙所以作。予尝妄谓子长之表，厥义弘远，而世鲜知之。……今蔡公手摘大事以附年历，即熙、丰、祐、圣、观、政、宣之事以为经，而上意之

好恶，人才之消长，皆可坐见，与仅书拜罢而不著理乱者盖有不侔。此非深得古策书之意畴能及此？惜其中兴以后大事未及记也。昔人谓作史者，必有才、学、识三长。才、学固不易，而有识为尤难，用敢以旧闻于先儒者识诸篇首。公名幼学，字行之，以明经为南省进士第一。官终于兵部尚书，谥文懿。《表》凡二十卷，《质疑》十卷。"（《重校鹤山先生大全文集》卷五六）

按：明末黄尊素《黄忠端公集》卷二《隆万两朝列卿记序》云："江右雷司空综核国朝列卿而记之，盖仿有宋蔡行之幼学《百官公卿表》而作者也，而前有年表，后有行实，则视行之为加详焉。"雷司空，即雷礼（1505—1581年），主要活

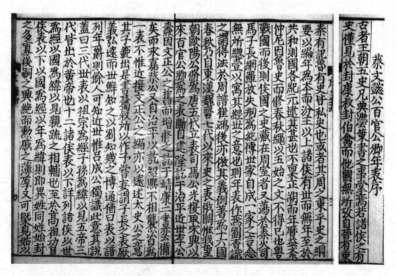

魏了翁撰《蔡文懿百官公卿年表序》局部（宋开庆刊本）

动于明嘉靖至万历年间。明万历初年，曾仿蔡行之《百官公卿表》作《国朝列卿纪》《国朝列卿年表》。该书对《明史》以及后世史书编撰有深远影响。由此可知，在万历年间，蔡行之《百官公卿表》一书尚在流传。

绍熙五年甲寅（1194年）　四十一岁

【时事】

四月，朱熹始拜命，赴任潭州知州。

六月初九，孝宗崩。

八月，以朱熹为焕章阁待制兼侍讲。赵汝愚为右丞相。

十一月，朱熹罢职。

【事迹】

是年，仍在校书郎任。

五月，上《绍熙封事》，劝谏光宗父子和好，不报。其略云："陛下自春以来，北宫之朝不讲。比者寿皇愆豫，侍从、台谏叩陛请对，陛下拂衣而起，相臣引裾，群臣随以号泣。陛下退朝，宫门尽闭，大臣累日不获一对清光。望日之朝，都人延颈，迁延至午，禁卫饮恨。市廛军伍，谤诽籍籍，旁郡列屯，传闻疑怪，变起仓卒，陛下实受其祸。诚思身体发肤寿皇所与，宗社人民寿皇所命，则畴昔慈爱有感乎心，可不独出圣断，复父子之欢，弭宗社之祸！"（《奏议》卷一）

七月初三日，光宗"内禅"，蔡必胜与赵如愚定议宁宗，与韩侂胄扶抱宁宗登御榻。（《蔡知阁墓志铭》）

七月，朝廷诏求直言，上《应诏言事奏状》，云："陛下欲尽为君之道，其要有三：事亲、任贤、宽民。而其本莫先于讲学。比年小人谋倾君子，为安靖和平之说以排之。故大臣当治而以生事自疑，近臣当效忠而以忤旨摈弃，其极至于九重深拱而群臣尽废，多士盈庭而一筹不吐。自非圣学日新，求贤如不及，何以作天下之才！"（《奏议》卷一）

八月，除著作佐郎兼实录院检讨官，楼钥有行词。（《南宋馆阁续录》卷九）

△楼钥《著作佐郎王容范仲黼并著作郎秘书郎王奭校书郎蔡幼学并著作佐郎制》："敕具官某等：学士大夫以道山册府比之蓬莱瀛洲之胜，而著作之庭又其高选也。尔容学博而文优，尔仲黼忠纯而意笃，既皆升处其长；奭之远业，幼学之英才，又均使为之佐。或以伦魁而声称昭于时，或以名门而学问世其家，是皆称此选者。朕笃意人才，共兴治功，公卿将于此乎取，何止以史事而望汝哉！"（《攻媿集》卷四一）

九月，与朱熹于杭州西湖边六和塔议论时事。时，叶适、陈傅良、薛叔似、许及之、陈谦等人与会。

△李方子《朱子年谱》："及至六和塔，永嘉诸贤俱集，各陈所欲施行之策，纷纭不决。朱子曰：'彼方为几，我方为肉，何暇议及此哉？'盖是时近习用时事，御笔指挥，皆已有端，故朱子忧之。"（吴洪泽、尹波主编《宋人年谱丛刊》，四川大学出版社，2003年版，第九册6059页）

△洪嘉植《朱子年谱》："按：所谓'永嘉诸贤'，当指中书舍人陈傅良、国子司业叶适、权户部侍郎薛叔似、吏部尚书

许及之、校书郎蔡幼学、户部郎中陈谦等。"

是年，夫人郑氏恩封孺人。（蔡篈《默斋泣血铭》）

是年，叶适因拥立有功，升国子司业，转朝请郎，除显谟阁学士，差充馆伴使，兼实录院检讨官，除太府卿、淮东总领。（叶宗《叶文定公墓碑记》）

是年，陈傅良以中书舍人召还，兼侍讲，兼直学士院，兼实录院同修撰。十二月，提举江州太平兴国宫，遂归瑞安。（楼钥《陈傅良神道碑》）

约是年，编修《国朝实录列传举要》十二卷，以及《大事记》《年历》《辨疑》《备志》（均未成）。

△《墓志铭》："惟于国史研贯专一，朱墨义类，刊润齐整，各就书法。为续司马《百官公卿表》《年历》《大事记》《备志》《辨疑》《编年政要》《列传举要》等百余篇，今代之完书也。"（《叶适集·水心文集》卷二三）

△王应麟《玉海》卷四七："蔡幼学为《续百官公卿表》《年历》《大事记》《备志》《辨疑》《编年政要》《列传举要》等百余篇。《表》凡二十卷，《质疑》十卷，自治平讫绍兴五年（1135 年）。"

按：据郭畑《宋大事记讲义成书考论》一文考证，蔡行之《大事记》显然是在继续完成陈傅良的《皇朝大事记》，以简要为主，终于孝宗朝。宋代流传《类编皇朝大事记讲义》《类编皇朝中兴大事记讲义》两书当与陈傅良、蔡行之所著的《大事记》有所渊源。（《北京社会科学》2021 年第 7 期）

另：刘宲甫《类编皇朝大事记讲义序》云："予顷游胶
庠，有同舍示一编书，曰：此止斋、水心之徒，以其师讲贯
之素，发明我朝圣君贤相之心，所以措之事业，垂亿万年无疆
之休者，其概可见也。"（吕中撰《类编皇朝大事记讲义》，清
代二十三卷抄本，中国国家图书馆影印本）

以上，诸书所引之《大事记》，至少应是本自蔡幼学《大
事记》。

庆元元年乙卯（1195年） 四十二岁

【时事】

正月，蠲两淮租税，又蠲台、严、湖三州贫民身丁折帛钱。

二月，赵汝愚罢右丞相。

四月，吕祖俭安置韶州。诏送杨宏中、周端朝等"六君子"五百里外编管。

六月，韩侂胄用事，攻道学渐起，始有"伪学"之目。

九月，蠲临安府水灾贫民赋。

【事迹】

正月，为提举福建常平茶盐公事。时，韩侂胄篡权，大兴"党禁"，斥"道学"为"伪学"，持异论者即遭罢免。朝中志同道合者朱熹、陈傅良、叶适等皆散去，故而力求外任。

（《墓志铭》，《南宋馆阁续录》卷八）

二月，上《庆元陛辞札子》，谏言："谏省、经筵无故罢黜，而多士之心始惑，或者有以误陛下至此耶！"劝谏宁宗务实求进，谨防韩侂胄等身侧之人，勿为其所误。

△《宋史》本传："陛辞，言：'今除授命令径从中出，而大臣之责始轻；谏省、经筵无故罢黜，而多士之心始惑。或者有以误陛下至此耶！'侂胄闻之不悦。"

△《庆元陛辞札子》:"周宣王遇灾而惧,侧身修行,诗人美之,而作《云汉》之诗,孔子序《大雅》,定以为宣王诸诗之首。……左右奔走之臣不知义理,妄求容媚,方变异之暂止,霖雨之或霁,则竞为苟且之说以惑圣聪。万一陛下寅畏之诚少为此辈所移,因循浸渍,未能自觉,而起居号令微有过差,已不足以仰当天心。天之所以警戒,殆不虚发也。……愿陛下念宗社之重,思为君之难,反身而诚,有加无斁。闲燕起居之顷,必以慰万姓之观瞻;发号施令之际,必以合天下之公论。""然而数月之间,见诸行事,容有不能尽如陛下之初志者。除授命令或径从中下,而大臣之责始分;谏省、经筵或无故罢去,而多士之心始惑。臣愿陛下益坚初志,勉循成宪,而善用其权。委大臣以腹心,使之同寅协恭,以兴起治功为职;待多士以诚意,使之竭情悉虑,以进尽忠言为报。凡所施设,凡所黜陟,一付诸外廷之至公,而毋或以私意间之。"(《奏议》卷一)

在提举福建常平任,日讲荒政。时,朱熹寓居建阳,福建提举常平司在建宁,得以每事咨访。

福建省南平市建阳区考亭书院(2019年8月方彦寿摄)

△《宋史》本传："既至官，日讲荒政。时朱熹居建阳，幼学每事咨访。"

△《八闽通志》卷二七："蔡幼学，字行之，温州瑞安人。光宗朝为校书郎。宁宗将进用之。时韩侂胄方用事，指正人为伪学，异论者文黜。幼学遂力求外补，特除提举福建常平。既至官，日讲荒政。朱熹居建阳，幼学每事咨访。"

是年，堂兄蔡幼束卒。

△莘塍《蔡氏宗谱》："蔡幼束，字正之，生于绍兴壬子年（1132年），卒于庆元元年（1195年）。以尚书胄牒补入太学，上舍试殿元。女适吏部郎中项公泽。"

是年，蔡必胜迁池州知州。（《吉州刺史蔡公圹志》）

庆元二年丙辰（1196年）　四十三岁

【时事】

正月二十日，赵汝愚卒于永州。右谏议大夫刘德秀劾前丞相留正四大罪。

十二月，窜蔡元定于道州（《宋史》卷三七）。

【事迹】

三月，族侄蔡任登进士第，平阳周勉一门四人同登进士第。是科，无殿试，以省试奏名进士。（民国《平阳县志》卷三四《人物志三》）

按：蔡任（生卒不详），字子重，平阳人，蔡必胜次子。宁宗庆元二年（1196年）进士。历官松阳知县、钱塘知县。叶适有《送蔡子重》诗，戴栩有《祭蔡子重文》。

周勉（1152年—?），字明叔，平阳人。陈傅良学生。善治《春秋》，永嘉学派学者。是年，周勉与从父周茂良、兄弟周励、周劼同登进士，"一门四进士，叔侄同登科"，传为一时美谈。陈傅良有赞诗。历官峡州教授、太学正，终邕州知州。曾整理陈傅良《春秋后传》。

是年，将《郑景望文集》送予朱熹。

△朱熹《尚书》二："近日，蔡行之送得《郑景望文集》

来，略看数篇，见得学者读书不去仔细看正意，却便从外面说是与非。如郑文亦平和纯正，气象虽好，然所说文字处，却是先立个己见，便都说从那上去，所以昏了正意。如说伊尹放太甲，三五板只说个'放'字。谓小序所谓'放'者，正伊尹之罪；'思庸'二字，所以雪伊尹之过，此皆是闲说。正是伊尹至诚恳恻告戒太甲处，却都不说，此不可谓善读书，学者不可不知也。"（黎靖德《朱子语类》卷七九）

同朱熹讨论《春秋》。

△朱熹《诗》一："尝见蔡行之举陈君举说《春秋》，云：'须先看圣人所不书处，方见所书之义。'见成所书者更自理会不得，却又取不书者来理会，少间只是说得奇巧。"（《朱子语类》卷八十）

夏，陈傅良降三官，罢宫观。所居名止斋。（《陈文节公年谱》二七页）

十一月十二日，遭御史刘德秀弹劾，罢官奉祠。（《宋会要辑稿·职官七三》之六七）

△《墓志铭》："求外补，特提举福建常平茶事，御史刘德秀果言公迕孝宗，罢。"

△《宋会要辑稿·职官》七三之六七："庆元二年（1196年），十一月十二日，福建提举蔡幼学放罢。以臣僚言：'幼学早为伪学，巧取伦魁，持节闽部，全不事事。'"

十二月，主管福建武夷山冲佑观，连续四任，奉祠达八年

之久。(《宋史》本传)

△方彦寿《武夷山志冲佑观》:"蔡幼学,庆元二年(1196年)二月至嘉泰三年(1203年)四任主管。"(旋彷尔《武夷山冲佑观》,鹭江出版社,1996年4181顽)

武夷山冲佑观(2022年3月蔡建设摄)

庆元三年丁巳（1197年）　四十四岁

【时事】

六月，颁《淳熙宽恤诏令》。

闰六月，贡举考官言："三十年来，伪学显行，场屋之权，尽归其党。预说试题，阴通私书。所谓状元、省元与两优释褐者，若非其亲故，即是其徒。"

【事迹】

是年，家居奉祠，执教于仙岩书院（今仙岩陈文节公祠）。

浙江省温州市仙岩陈文节祠(2021年8月蔡建设摄)

十二月二十九，绵州知州王沇上疏乞置伪学之籍（《两朝纲目备要》卷五）。

与周必大、朱熹、陈傅良、徐谊等五十九人列籍"伪学之党"。

△李心传《建炎以来朝野杂记》甲集卷六："自庆元至今，以伪学逆党得罪者，凡五十有九人：宰执四人，赵汝愚、留正、王蔺、周必大。待制以上十三人：朱熹、徐谊、彭龟年、陈傅良、薛叔似、章颖、郑湜、楼钥、林大中、黄由、黄黼、何异、孙逢吉。余官三十一人：刘光祖、吕祖俭、叶适、杨方、项安世、沈有开、曾三聘、游仲鸿、吴猎、李祥、杨简、赵汝谠、赵汝谈、陈岘、范仲黼、汪逵、孙元卿、袁燮、陈武、田澹、黄度、张（詹）体仁、蔡幼学、黄灏、周南、吴柔胜、李埴、王厚之、孟浩、赵巩、白炎震。武臣三人：皇甫斌、范仲壬、张致远。士人八人：杨宏中、周端朝、张道、林仲麟、蒋傅、徐范、蔡元定、吕祖泰。庆元三年（1197年）十二月丁酉，知绵州王沇朝辞入见，请自今曾系伪学举荐升改及举刑法廉吏自代者，并令省部籍记姓名与闲慢差遣。事即行。"

按：列籍伪学五十九人，其中温州籍官员和太学生共有九人，待制以上：临安府知府徐谊（平阳人），中书舍人陈傅良（瑞安人），户部侍郎薛叔似（永嘉人）。余官：太府卿淮东总领叶适（瑞安人），校书郎陈岘（平阳人），国子博士孙元卿（乐清人），国子正陈武（陈傅良堂弟），福建提举蔡幼学（瑞安人）；太学生周端朝（永嘉人）。未列入伪学党籍受牵连而罢官的温州官员有陈谦（永嘉人），陈谦与陈傅良之女分别嫁给薛叔似长子和次子。

是年，蔡必胜迁楚州知州。（《吉州刺史蔡公圹志》）

庆元四年戊午（1198年）　四十五岁

【时事】

五月，加封韩侂胄为少傅，赐予玉带。诏令禁"伪学"，"庆元党禁"由此越演越烈。

【事迹】

是年，居家奉祠，继续执教于仙岩书院。

约是年，作《月夜赠项子谦》，曰："月色净如水，奈此清兴何。谁人当领此，隔屋呼项佗。驾言先我出，追随费经过。履声适相逢，欢然憩亭荷。乾坤何浩荡，水月光相磨。醉归巷无人，群儿自前呵。"（《宋诗拾遗》卷一七）

按：项子谦，行之友人，生平无考。淳熙九年（1182年），曾同行之等相送王德修。叶适有《亡友项子谦兄挽歌词》："畴昔省君病，小车随酒壶。心惺赏文句，语謇困喑呜。念子堪垂泣，累然失壮图。唯应看幼子，空手缚於菟。"

△是年，叶适定居于永嘉县城郊生姜门外西湖（今温州市鹿城区水心街道）外。（《庄夫人墓志铭》，《叶适集·水心文集》卷一六）

庆元五年己未（1199年）　四十六岁

【时事】

七月，禁高丽、日本商人博易铜钱。

八月，"伪学"之禁稍弛。

【事迹】

是年，居家奉祠，继续执教于仙岩书院。

七月，蔡必胜迁庐州知州。（《蔡知阁墓志铭》《吉州刺史蔡公圹志》）

约是年，作诗《早至湖心小园》。诗云："凉月在木末，我行出林坰。林坰何所事，爱此朝气清。池荇浥风露，洒洒醉梦醒。来禽俯清泚，相照脸色赪。悠然到瓜田，钩蔓亦轩腾。万物咸得宜，吾生亦何营。"（《宋诗拾遗》卷一七）

作诗《浮家》。诗云："春风扫积素，春雨涨新绿。再行适良愿，及此嘉致足。溪桃绽腮红，溪柳起肤粟。万物欣向荣，吾生亦从欲。浮家信所之，欢意到僮仆。行乐人有言，未省我心曲。忆昔西湖春，安舆探芳谷。彩舫漾晴漪，名园玩清缛。星郎引群雏，戏舞衣裒裒。归来夜未央，清话屡更烛。只今天一涯，把酒远相属。富贵竟何时，一官乃羁束。法喜闻我言，低回若惊辱。一笑强相酬，归装宜早促。"（《宋诗拾遗》卷

一七）

作诗《晚泊》。诗云："落日维舟处，沙头望眼平。牛羊分陇下，灯火隔林明。人散村墟静，溪寒风浪生。渔翁醉眠稳，小艇任斜横。"（《宋诗拾遗》卷一七）

庆元六年庚申（1200年）　四十七岁

【时事】

三月初九日，朱熹逝世，享年七十一岁。

四月，初置资善堂小学教授。

九月，吕祖泰上书，请诛韩侂胄。

【事迹】

是年，居家奉祠，执教于仙岩书院。

嘉泰元年辛酉（1201年）　四十八岁

【时事】

五月，以吴曦为兴州都统制，兼知兴州。

十二月，真里富国入贡，献驯象。

【事迹】

是年，居家奉祠，主持仙岩书院。

是年，叶适起复，除湖南（荆湖南路）转运判官，十二月转朝散大夫。（叶宋《叶文定公墓碑记》）

嘉泰二年壬戌（1202年）　四十九岁

【时事】

正月，陈自强等上《高宗实录》。禁行私史。

二月，朝廷弛"伪学""伪党"禁，追复赵汝愚资政殿学士。

十月，追复朱熹焕章阁待制致仕。

闰十二月，复周必大少傅、观文殿大学士。

【事迹】

是年继续住持仙岩书院。

正月，陈傅良复原官，提举太平兴国宫。（《故宝谟阁待制致仕赠通议大夫陈公行状》）

三月，礼部侍郎木待问知贡举。（《宋会要辑稿·选举》一之二六）

季春，作词《好事近·送春》。词云："日日惜春残，春去更无明日。拟把醉同春住，又醒来岑寂。　明年不怕不逢春，娇春怕无力。待向灯前休睡，与留连今夕。"（黄昇《中兴以来绝妙词选》卷四）

△《墓志铭》："（幼学）虽幼以文显，无浮巧轻艳之作。既长，益务关教化，养性情。花卉之炫丽，风露之凄爽，不道

也。词命最温厚，亦不自矜贵。"

按：此词尺幅虽小，但所表现惜春之情曲折而含蓄，艺术上有特色，入选清朱孝臧所编《宋词三百首》。

五月，门人谢汲古中榜眼，邑人曹豳登进士第。

△王梓材《宋元学案补遗》卷五三《蔡氏（文懿）门人》："陈持之，字立叔，世为建瓯人。初从永嘉李曼卿、蔡幼学教授《春秋》，同门生谢汲古、周端朝皆推先生。有诗两卷。"

按：谢汲古（生卒不详），建安人。行之门人。中第后授文林郎、节察推官。曹豳（1170—1249年），字西士，号东亩，瑞安人。曹叔远族子，钱文子门人。历官浙东提刑，召为左司谏，以宝章阁待制致仕，为"嘉熙四谏"之一。曾在家创建虎邱书院，诗作《春暮》入选《千家诗》。《宋史》卷四一六附《曹叔远传》。

嘉泰三年癸亥（1203年）　五十岁

【时事】

正月，宁宗巡查太学、武学，谒武成殿。

是年，宋建造战舰。韩侂胄怙权用事，兴北伐之议。

【事迹】

七月，起知黄州。（光绪《黄州府志》卷一一《职官志》）

△《兵部尚书蔡公墓志铭》："知黄州，福建提刑，未上。"

△《宋史》本传："（蔡行之）起知黄州。"

八月，二上《嘉泰陛辞札子》，建议：整饬国防，制定制度，责任边疆帅臣；改革常平义仓管理，严守交接程序，上下相维，各知其责。

△《嘉泰陛辞札子一》曰："久安而易怠者，常人之情也；居安而虑危者，明主之志也。……今海内不罹锋镝之苦且四十年矣，邻国盛衰，不可逆料，中原士心，不容久遏，此正思患预防、图难于易之时也。……充先事之虑，立一定之规，责任帅臣，推之列郡。民生之未裕，必责以抚摩；财计之未丰，必责以撙节；军政之未明，必责以简练；城壁之未修，器械之未具，必责以经营葺理。朝廷之上，考其实而要其成。使自两淮以及襄蜀，气势相接，规画相通，人尽其心，州有其

备。"

△《嘉泰陛辞札子二》曰:"常平义仓,百王不易之法
也。国家专典领之官,谨敛散之政,法令明具,昭若日
星。……申严绍兴成法,断在必行。应诸州主管官替移,并令
提举司取索所交割钱米数,核实批书,备申户部右曹。其常平
仓库监官替移,必以所管钱米实数,躬亲盘量交割,新官认
数,申本州及主管官,方与批书印纸。离任仍申提举司照会。
其任内有拖欠失陷者,令提举司及主管官次第按举。提举官失
职者,右曹以闻。"(《奏议》卷一)

赴任,过池州齐山,有诗《和林择之齐山韵》。诗云:"褰
裳涉秋浦,散策上齐山。眄往谢尘嚣,瞻新得层峦。万象翕呈
露,跬步不可闲。下巧瞰坤轴,高奇仰天剜。硿砑禹所穴,巉
崿秦开关。始探困伛偻,徐行快平宽。斫凤扣危壁,登虹俯澄
湾。突然出鳌背,但见江漫漫。匪特激愚懦,且以订群顽。"
(《宋诗拾遗》卷
一七)

按:林择之
(生卒不详),即林
用中,字择之,一
字敬仲,号东屏,
又号草堂,学者称
"草堂先生"。福州
古田人。曾从林光

安徽省池州市齐山(2018年张剑平摄)

朝学，立志求"明明德、新民、止于至善"之学。闻朱熹授徒建安，遂弃举业往学，先后随朱熹参加"岳麓会友""鹅湖之会"，曾主讲于溪山书院。

八月，蔡必胜病逝于家，享年六十四岁，叶适有《挽诗》《墓志铭》，许及之有《挽词》。（《蔡知阁墓志铭》《吉州刺史蔡公圹志》）

十月，乡人陈棵知严州，翁卷有诗相送。（《严州图经》卷一《题名》）

十一月，恩师陈傅良卒，享年六十七。是年三月，陈傅良差知泉州，以疾力辞，授集英殿修撰；疾益侵，请谢事，授宝谟阁待制。（《故宝谟阁待制致仕赠通议大夫陈公行状》）

是年，作观文殿大学士陈骙行状。

△《嘉定赤城志》卷三三《人物门》："陈骙，临海人，字叔进。省试第一，历秘书郎、工部郎中、将作监、……同知枢密院、参知政事、知枢密院，以资政殿大学士知婺州，俄提举洞霄宫，进观文殿大学士。薨，赠少保。事见国史及蔡尚书幼学所作行状。"

按：陈骙喜奖掖后进，能破格用人，熟悉前代掌故和当时规章法令，文词古雅。辞官后，独居一室，孜孜不倦整理旧著。著有《文则》二卷、《中兴馆阁录》十卷。

嘉泰四年甲子（1204年） 五十一岁

【时事】

正月，盘量北边积粮。辛弃疾入见，言夷狄必乱必亡，愿付之元老大臣，当备兵为仓促应变之计。韩侂胄定议北伐。

四月，立韩世忠庙于镇江。

五月二十一日，追封岳飞为鄂王。

【事迹】

是年秋，改提点福建刑狱公事，未行。（《墓志铭》，《宋史》本传）

召为吏部员外郎。

按：《宋史》本传："韩侂胄欲用天下名仕，召为吏部员外郎。"《宋史》卷四七四《韩侂胄传》："嘉泰三年（1203年）时，侂胄以势利盅士大夫之心，薛叔似、辛弃疾、陈谦皆起废显用。"《薛叔似圹志》："嘉泰三年（1203年）十二月丙申，差知隆兴府。四年（1204年）正月封长溪县开国男；二月戊戌，改知庐州令奏事之任；三月庚寅引见，改提举佑神观，奉朝请；四月庚子兼侍讲；六月壬子转中奉大夫；八月癸丑除权兵部侍郎。"可见，嘉泰四年（1204年）春月薛叔似才起废显用，故蔡幼改吏部员外郎当为嘉泰四年（1204年）春夏月左右。

开禧元年乙丑（1205年）　五十二岁

【时事】

正月，初置澉浦水军。

五月，复淳熙荐举改官法。

六月，诏内外诸军密为行军之计。

七月，韩侂胄为平章军国事。

【事迹】

秋，迁国子司业，兼权中书舍人。（《墓志铭》）

按：《宋史》卷一六五："国子监，元丰官制行，始置祭酒、司业、丞、主簿各一人。祭酒，掌国子、太学、武学、律学、小学之政令，司业为贰。"据《南宋馆阁续录》《宋中兴学士院题名》，嘉泰四年（1204年）七月，易祓为国子司业；开禧元年（1205年）八月，除左司谏。行之迁国子司业在易祓之后，时间当在开禧元年（1205年）八九月。

开禧二年丙寅（1206年）　五十三岁

【时事】

四月，吴曦据守四川谋叛。

五月初七日，宁宗下诏伐金。

六月，金人封吴曦为蜀王。

十二月，金布萨揆进军攻和州、德安府，占领成州、真州。金人立吴曦为蜀王。二十一日，毕再遇持重兵江上，累克捷，金人退师。

【事迹】

六月，为宗正少卿，兼权中书舍人。（《宋史》本传）

△《宋史》本传："有劝侂胄以收召海内名士者，乃召幼学为吏部员外郎。迁国子司业、宗正少卿，皆兼中书舍人。"

按：《宋史》卷一六四："宗正寺：卿、少卿、丞、主簿各一人。渡江后，卿不常置，少卿一人，以太常兼。绍兴三年（1133年），复置少卿一人。"《宋会要辑稿·职官》七三之三六："开禧二年（1206年）五月六日，宗正少卿章良能放罢。"蔡行之在章良能之后，故得。

十二月，上《开禧上殿奏事札子》。

△《开禧上殿奏事札子一》曰："兵事一开，民力易耗。

并边诸路，罹锋镝转饷之艰；江湖以南，有调募科须之扰。……弊起于积习，患伏于隐微，可不周虑而预防之乎？……申饬中外之臣，咸以爱惜为念，宣导德意，以惠元元。在内地则以护养抚摩为先，在沿边则以还定安集为重。应缘军需，凡可出于朝廷者，勿以诿州县；凡可出于州县者，勿以病民。有司之所建请，苟非民便，断在不行；守令之所设施，苟为民害，明示黜陟。裕民之政，日益月增，则人心不摇，国势益振，大勋之集，岂患无其时乎！”

△《开禧上殿奏事札子二》曰：“臣愚欲望圣明于选任之际，更垂精审，用舍升黜，必当其宜。其力战却敌、功效显著者，不拘资级，优与超擢。仍诏枢密行府及诸路宣抚司博询详议，苟有可用，即以名闻。诸军都副统制亦许各举其属，随其器能，次第奖拔。庶几将材辈出，人思自效。诚得十数人焉，分边面而属之。”（《奏议》卷二）

是年，夫人郑氏恩封宜人。（蔡籥《默斋泣血铭》）

是年，作《毕再遇兼知扬州制》《谭良显降朝散郎制》《董安仁父赠官制》《辛弃疾叙朝请大夫制》《程松澧州安置制》《赵师羼降太中大夫制》《王钺知金州制》《许及之复银青光禄大夫制》《王大节叙武节郎制》《希怅换右千牛卫将军制》《陈邕降朝奉郎制》《黄瓌周章降官制》《董仲永赠节度使制》《显忠褒忠庙封制》《广德广惠庙加封制》《襄阳惠泽等庙加封制》《百岁补官封号制》。（蔡幼学《育德堂外制》下称《外制》卷一）

开禧三年丁卯（1207年）　五十四岁

【时事】

正月，金人破阶州。

二月，诛吴曦。

四月，李好义复西和州，方信孺奉使金国议和。

九月，辛弃疾卒，享年六十八。

十一月，诛杀韩侂胄。

是岁，浙西旱蝗，沿江诸州大水。

【事迹】

正月，作《史才复龙图阁学士制》《丘崈落端明殿学士制》《薛叔似落端明殿学士制》《陈谦落宝谟阁待制》。（《外制》卷一）

春，作《杨文昌授团练使制》《刘元鼎兼知光州制》《李源封通应真人制》《常崇赠武翼大夫制》《沔州信惠庙加封制》《方信孺授奉议郎制》《杨谷授文州刺使制》《范仲壬知夔州制》《吴瑠节度使致仕制》《多庆赠开府制》《（多庆）妻蔡氏封郡夫人制》《程涣降迪功郎制》《善舆授右千牛卫将军制》《薛九龄授武德郎制》。（《外制》卷一）

春，荐举夏元鼎出任江东安抚使叶适幕府。

△夏元鼎《南岳遇师本末》："开禧进取,乡先达文懿蔡公荐江淮制阃叶先生之幕。驱驰艰难,以泗州安丰军赏保奏真命,续次讲解,随司寝罢。"(《南岳遇师本末及其他三种》,商务印书馆,1936年6月初版)

按:据叶宷《叶文定公墓碑记》,叶适开禧二年(1206年)七月兼沿江制置使,三年(1207年)二月除宝文阁待制兼江淮制置使,七月召赴行在。蔡行之荐举夏元鼎宜在叶适出任江淮制置使之后,召赴行在之前,故得荐举时间应在春夏之间。夏元鼎(1180年—?),字宗禹,自号云峰散人、西域真人,永嘉(今温州市瓯海区郭溪)人。初应举子业,五试辍榜。受蔡行之荐举入幕后,相继随将帅征战。年届五十,弃官学道,隐居永嘉西山,修炼蜀中丹法。精通壬遁、书算、骑射,能兵机将略,善"吐纳之术、三田返还"丹道方法。著有《古今阵法》、《武经撮要》、《悟真篇讲义》七卷、《蓬莱鼓吹》、《崔公入药镜笺》等。弘治《温州府志》卷十四有传。

四月,作《宇文绍节侍读京湖宣抚制》《吴揔责团练副使制》《吴猎四川制置使制》《郭阳夏允言授遥刺制》《李郁授团练使制》《赵淳江淮制置使制》。(《外制》卷一)

五月,上《开禧转对奏状》,言:"博求贤材,以培治本;昭示公正,以折奸萌。蕃宣之臣,隆其事任,而责以同寅;熊黑之将,作其威名,而期以制敌。士气欲振,则赏罚不可不明;军实欲精,则真伪不可不核。边须欲无阙,而不可使内郡被其劳;兵食欲有余,而不可使百姓罹其害。……内外交修,

洪纤并举。"（《奏议》卷二）

六月，作《吴揔复官致仕制》《不璺赠开府制》《吴思忠赠节度使制》。（《外制》卷一）

是月，遣林拱辰为金国通谢使。（《续宋中兴资治通鉴》卷一二）

按：林拱辰（生卒不详），字岩起，平阳人。淳熙五年（1178年）右科进士，换文登八年（1181年）第，官至吏部侍郎。女适行之季子蔡范。弘治《温州府志·宦业》有传。

七月，作《辛弃疾叙朝议大夫制》《吴珺赠太尉制》《项安世落直龙图阁制》《黎炳龙叔汉林之望熊武阁门舍人制》《不廲西外知宗制》《任埥金州副都统制》《李好义赠节度使制》。（《外制》卷一）

夏，上《缴何四十二贷命指挥状》。

△《缴何四十二贷命指挥状》曰："以一定而不易者，法也；原情而审宜者，所以用法也。苟法之所重，其情本轻，则缘情而宽之，固为近厚；苟丽于重法矣，而其情之至重，又有法所不能及者，则岂容务宽而废法乎？……建昌军所奏何才之狱，才与温五十四、何四十二等六人以规取王铁五所卖盗赃金钱，相与谋杀王铁五，又相与谋杀其妻阿危。……臣愚欲望特降指挥，将何才、温五十四、何四十二并依大理寺元断，决重杖处死。"（《奏议》卷二）

上《缴钱晋臣等补太史局学生指挥状》。

△《缴钱晋臣等补太史局学生指挥状》曰："人主之出

令，系于中外之观瞻。赏罚黜升，关乎大体，则命由中出，而可以厌服人心。若夫星历卜史之微，其选试迁补，固有成法，非所以仰渎圣明也。……今太史局学生钱晋臣、乐孝德者未审其为何人，亦复干紊宸聪，俯为降旨，臣之愚陋，诚所未安。……将已降钱晋臣特补充太史局天文院正名学生，及乐孝德特差充太史局守阙额内局学生指挥，并行追寝。其赵庚名阙，令依本局见行条法，委秘书省官从公试补。其守阙额内局学生及额外局学生，亦乞立为定法，委秘书省官选试补授，并不许妄有陈乞。"（《奏议》卷二）

上《缴吴璘知建宁府指挥状》。

△《缴吴璘知建宁府指挥状》曰："吴璘为国近戚，官至承宣，从容家居，日奉朝请，其为荣显，顾岂不过于守藩乎？建宁地重事繁，民俗轻悍，璘更历尚浅，恐难骤居。……收还成命，使璘仍奉内祠。"（《奏议》卷二）

上《缴彭师孟等改小方脉科入内内宿指挥状》。

△《缴彭师孟等改小方脉科入内内宿指挥状》，曰："今彭师孟、王国宝特改小方脉科入内内宿，翰林院以旧章执奏，奉圣旨特依今来指挥。……入内内宿至为亲近，非得老成谨厚之人，不宜轻进，故选保试补不容不致其审，守法执奏不容不示其严。成宪昭然，固不可以彭师孟、王国宝之微遣有改易。兼师孟等本习他科，未知小方脉之精否，一旦不试而授，亦恐未必能称使令。……将已降彭师孟、王国宝特与改差充小方脉科入内内宿指挥，并行追寝。自今后内宿医官，并依元丰法选保

试补，更不特降指挥。"（《奏议》卷二）

八月，作《陆峻授太中大夫制》《陈邕降朝奉郎制》。（《外制》卷一）

九月，作《王栟授朝奉郎制》《李郁建康都统知庐州制》。（《外制》卷一）

十月，上《缴夏允言转团练使指挥状》。

△《缴夏允言转团练使指挥状》曰："率循成宪，重名器，严法守。凡除授迁转少于条令有碍，必因群臣论奏，亟行改易，曾无留难。……夏允言之转团练使，其不可明矣。允言今年［开禧三年（1207年）］四月间方以堆垛子赏授正任刺史，元降指挥明言允言系成恭皇后亲侄，特与落阶官，揆之条令，已为超越。今犹未及半年，若复以常员超转州团，诚为太骤。……收还已降指挥，将夏允言皇城司任满转官恩例照条回授。"（《奏议》卷二）

是月，作《田琳观察使致仕制》《陈邦杰叙武节大夫制》《叶籥叙朝散郎制》《赵善宣叙朝请大夫制》《朱不弃降迪功郎制》《刘百朋授武德郎制》《许俊父赠官制》《（许俊）母王氏封太孺人》《董安礼知光州制》《韩仙胄毛居礼裴伸授官制》。（《外制》卷一）

十一月初，上《缴韩侂胄陈自强与在外宫观指挥状》，韩侂胄罢相，送英州安置；夺陈自强三官，责授武泰军节度副使，依旧永州居住。

△《缴韩侂胄陈自强与在外宫观指挥状》曰："《书》载

舜之事曰：'流共工于幽州，放驩兜于崇山，窜三苗于三危，殛鲧于羽山，四罪而天下咸服。'方舜之时，可谓至治，而流放窜殛之刑行焉，盖天讨有罪，固有所不容恕也。而韩侂胄寅缘肺附，窃弄大权，蒙蔽圣明，擅作威福。首引群枉，分布要涂，贼害忠臣，陷之大戮，排沮善类，斥逐无余。十年之间，罪恶盈积。佐胄虑祸之及，思固其权，乃复设为计谋，窃据高位。轻开边隙，盛夏出师，挑怨召衅。""陈自强昏昧阘冗，本无寸长，徒以侂胄私人，骤加汲引，拔自选调，置之清华，曾未数年，蹑登宰辅。兵衅既启，边陲未宁，复以自强兼领枢密，幸其徇己，倚为腹心。而自强凭藉其威，不知顾忌。日暮途远，贪得无厌。援进朋邪，浊乱班列。呼吸群小，纳赂卖官。请托公行，赃状狼藉。讪笑讥骂，万口一辞。社鼠城狐，盖未有甚于此者也。"（《奏议》卷二）

上《缴邢汝楫胡永年编管指挥状》，邢汝楫改送万安军，胡永年送贺州并编管。

△《缴邢汝楫胡永年编管指挥状》曰："明主之出治，惩一人而天下莫敢不服者，无他故焉，惟刑当其罪而已。苟蔽罪既重，而议刑尚轻，则人必得以窃议于其后，岂足以耸动观听哉？……邢汝楫出入侂胄之门，亲密无间，自承节郎七年而转至武功大夫，又二年而带行遥刺。胡永年者，虽累转武功大夫。在绍熙以前，而冒带遥刺，亦出侂胄私意。其依附罪状，亚于汝楫。"（《奏议》卷二）

上《应诏言事状》。时以侂胄窜殛，诏示开言路。

△其略曰："权臣盗作威福，十有四年，斁紊国经，败坏士俗，戕贼邦本，轻启衅阶，财用空弹，生灵涂炭。推其罪状，何可具言！……积弊之久，未易顿除，遗害之深，尤难遽拯，事之当虑，殆非一端。惟陛下刚健力行，群臣尽忠毕虑；抑邪而佑正，以公而灭私；图之而得其原，治之而循其序；鉴忧虞于既往，防奸蠹于未然。夫然后可以培长久之基，享安靖之福，其所关系，岂浅浅哉！若夫明纪纲，重名器，定趋向，立规模，所以一正人心，而保护元气者，固在乎宸衷之动化，近辅之图回，臣不敢以僭议。至于政事设施，达之天下者，其节目次第，亦复难以弹陈。谨取其切于时务者，条具四事：治道之盛衰，本乎贤材之进退；国家之根本在州县，州县之根本在民；边陲有事，江淮表里之势，所系非轻；全蜀去朝廷至远，州县之利病，闾阎之休戚，欲求达于上，至难也。"（《奏议》卷二）

上《缴结绝成肃皇后主管丧事所祔庙推赏指挥状》。

△《缴结绝成肃皇后主管丧事所祔庙推赏指挥状》曰："屏去奸慝，一正权纲，海内翕然，想望维新之政，固宜率循彝宪，杜塞侥门。而中外之臣，亦当相与革心，仰承圣志，遵守法度，不萌觊觎。若恩赏迁转非由旧章，而出于权臣之私意者，决不可复蹈其失也。……成肃皇后都大主管丧事所官属等第推恩指挥，内续康伯二人特转两官，较之显仁皇后故事已多一人，但既令回授，臣不复论。其蓝谊虽充修奉承受，已准十月十三日指挥转行一官，难以重叠行赏。至于王思诚、宋安世

以下特与遥郡上转行者六人，特转行遥郡者一人，特与阶官上转行者凡十有二人，而依条回授者止六人而已。横行遥郡，乃朝廷之所甚重，而一日之间，超越转行者且二十人，恩赏之滥，孰多于此！"（《奏议》卷二）

上《缴易祓郑挺各降两官辰郴州居住指挥状》，易祓追三官，送融州居住；郑挺追两官，送南雄州居住。

△《缴易祓郑挺各降两官辰郴州居住指挥状》曰："同罪异罚，君子所讥；昏墨贼杀，古有明宪。如其罪之当轻，固不可过于苛刻；苟罪之当重者，尤不容以姑息也。易祓谄附苏师旦，侥求美官，为草节度使词命，搢绅耻之。逢迎侂胄，其罪亚于友龙。郑挺引惹边事，震动一方。起帅淮东，惶惑失措，遣家渡江，淮甸之民，惊迸流徙。"（《奏议》卷二）

上《缴堂吏史达祖耿柽董如璧决配指挥状》，史达祖、耿柽、董如璧并行处死。

△《缴堂吏史达祖耿柽董如璧决配指挥状》曰："史达祖、耿柽、董如璧三人实为韩侂胄用，凭借威势，恣为奸利，宰相甘与之伍，执政不得谁何。狱辞所书，百未及一。其情理巨蠹，又岂可与寻常胥吏犯赃者比哉！……太祖立国之意，盖以为海内始平，贪邪尚炽，不用重典，无以震动人心，随时制宜，圣虑深远。自韩侂胄盗权以后，风俗日坏，贿赂公行，利归权门，祸流海内。陛下既正侂胄之罪，正宜取法太祖，明正刑章，使中外之臣，皆知戒惧。今三吏之罪不可胜穷，而犹不忍加诛，何以警众？"（《奏议》卷三）

上《缴大理卿奚士逊新福建提刑曾桌放罢指挥状》，奚士逊特降两官。

△《缴大理卿奚士逊新福建提刑曾桌放罢指挥状》曰："权臣专政以来，私庇亲党，公受货赂，纵贪残之吏，毒州县之民。风俗变迁，廉耻尽丧。其极至于庙堂之上，请托恣行，辅相之尊，赃污狼藉，有胥吏市井之所不屑为者。……韩侂胄亲党奚士逊等，次第审黜，允协公论。奚士逊洊更麾节，俱无廉称。曾桌妄用官钱，万数浩瀚，则比之他人，其罪宜加重焉。"（《奏议》卷三）

上《缴蓝师古该皇弟擂读书终篇转官特与阶官上转行指挥状》，奉旨依行。

△《缴蓝师古该皇弟擂读书终篇转官特与阶官上转行指挥状》曰："侥幸之门，杜之至难，而开之至易。姑息于一人，其源若甚微，而他人之援例者，其流不可遏也。……今蓝师古既碍止法，乃降内批，复欲于左武大夫上转行，考之成宪，未见其可。……将已降蓝师古特与阶官上转行指挥，亟赐追寝，止令照条回授。"（《奏议》卷三）

上《缴施康年宫观指挥状》，奉旨依行。

△《缴施康年宫观指挥状》曰："权臣专政以来，窃取名器，以奔走天下之士，殆非一日，而士之出其门者，亦非一人。盖有附丽未深，其情可亮者，固当包荒宥过，开其自新，诚不可以一眚而轻废之也。若夫憸人鄙夫，幸进苟合，而权臣置之言路，倚为鹰犬，祸贻君子，害归国家，凭借私恩，叨尘

禁从，则当更化之初，岂容不明正其罚哉？若施康年者，资禀
庸陋，操心回邪，徒以逢迎权臣，冒处台谏。排斥善类，颠倒
是非，且复并缘为奸，行其私意。……将康年落职，并寝宫观
之命。"（《奏议》卷三）

上《缴给事中倪思奏乞将喻珏注知县理作堂除指挥寝罢可
与书行指挥状》，奉旨依行。

△《缴给事中倪思奏乞将喻珏注知县理作堂除指挥寝罢可
与书行指挥状》曰："法所以示天下之公，后省之论驳，所以
为陛下守法也。喻珏改官为县，其得堂除与否，利害甚轻；而
琐闼封还录黄，其从之与否，所关至重。……从倪思所奏；收
还已降指挥。"（《奏议》卷三）

上《缴王宗孟叙复元官指挥状》，奉旨依行。

△《缴王宗孟叙复元官指挥状》曰："人主之予夺，一付
诸法，则下无幸心，不可以有所姑息也。王宗孟降官，其叙复
期限固有定法。……收还已降王宗孟特与叙复元官指挥，令候
期限满日，照条陈乞。"（《奏议》卷三）

是月，又作《王居安兼侍讲制》《夏震观察使制》《梁季珌
试吏部侍郎制》《戴溪国子祭酒制》《赵彦逾侍读制》《陈自强
韶州安置制》《赵梦极权吏部侍郎制》《王居安起居郎崇政殿说
书制》《邵康太常少卿制》《钱钟彪军器监制》《楼钥翰林学士
制》《林大中吏部尚书制》《赵善坚权户部尚书制》《陈希点军
器监制》《陈希点检正曾从龙左司制》《陈舜申林至正字制》
《刘弥正淮东提举制》《李师尹知阁门事制》《曾渐权工部侍郎

制》《卫泾参知政事制》《倪思权兵部尚书制》《余崇龟监察御史制》《吕昭远知常德府制》《李珏知绍兴府制》《杨震仲直阁致仕制》等。(《外制》卷二)

十二月，作《赵善恐司农卿制》《雷孝友御史中丞制》《叶时试右谏议大夫制》《俞亨宗提点坑冶制》《张震考功郎中制》《黄景说再任张斗南广西运判制》《杨大雅封承奉郎制》《丘崈江淮制置大使制》《游仲鸿夔路提刑范子长潼川提刑制》《许奕起居郎制》《陈希点起居舍人制》《孙昭先浙东提刑李洪江西提刑制》《吕祖俭赠直秘阁制》《沈诜试刑部侍郎制》《赵梦极给事中制》《曹庄太常丞邵朴国子监丞制》《赵彦櫹户部郎中制》《潘洧太学博士制》《范之柔国子监簿制》《许沆太常博士制》

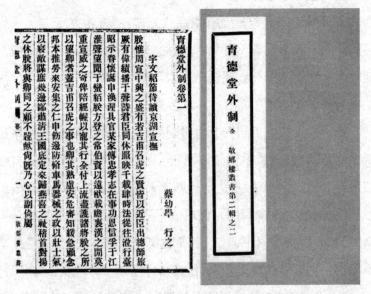

蔡幼学著 《育德堂外制》(敬乡楼丛书)

《余崇龟检详制》《梁文恭军器监簿制》《薛极大理正制》《林淳厚授朝散郎制》《叶适授朝议大夫制》《常楮宗正丞制》《彭州威祐庙加封制》《武舜忠授遥团制》《莫子纯叙中大夫制》《冯拱赠武经大夫制》《蓝师古授左武大夫制》《郑擢降奉议郎制》《扈卜追复奏议郎制》《潘师卨授承宣使制》《谭良显叙朝奉大夫制》《王处久降武翼郎制》《自重授率府副率制》《朱士挺降奏议郎制》《曾噩降修职郎制》《雷孝友参知政事制》《史弥远同知枢密院制》《林大中金书枢密院制》《陈唐卿授武翼郎》《楼钥试吏部尚书兼翰林学士制》《章良能试礼部侍郎制》《史弥坚权兵部侍郎制》《卫泾封赠三代及妻制》《黄畴若殿中侍御史制》《余崇龟监察御史制》《宇文绍节授太中大夫制》《何异授中大夫制》《杨石观察使知阁制》《杨谷观察使制》《赵善宣知临安府制》《张荣赠遥郡团练制》《娄机守吏部侍郎制》《赵希怿江西提刑》《邹应龙中书舍人兼太子右谕德制》等。(《外制》卷二、卷三)

是年,上《中书舍人举自代状》,荐举太常博士许沆。

△《中书舍人举自代状》:"宣教郎、新除太常博士、充京西湖南北路宣抚司参议官许沆,西蜀之英,笃志学问,通经博古,文采可观。加以识虑过人,议论平正,处事应变,材地有余。"(《奏议》卷三)

按:许沆(生卒不详),字子然,四川泸州人。历官宗正丞、嘉定知府、太府少卿。以文辞闻名,与史扶同以诗鸣,号泸南诗老。《蜀中广记》卷九九有传。

上《应诏举人状》，荐举新知惠州陈孔硕、全州通判陈武、前福建安抚司干办公事李诚之。

△《应诏举人状》："朝散郎、新知惠州陈孔硕，闽士之秀，资禀过人。履行和平，处事详审。尝宰壮县，实惠及民。得郡岭南，须次累岁，其材郁而未伸。""奉议郎、通判全州陈武，平正淳实，志晞古人。向为学官，士论归重。迟回选调，几三十年。往佐偏州，久摄郡事，湖南诸司皆以其政绩荐论于朝。""从政郎、前福建安抚司干办公事李诚之，经术通明，行义修饬。自游学校，已为多士所推。以上舍入官，历岁滋久，安恬自守，不求人知。"（《奏议》卷三）

按：陈孔硕（生卒不详），字肤仲，福建侯官县（今福建省福州市）人。初从张栻、吕祖谦游，后师事朱熹。淳熙二年（1175年）进士。初授处州教授，有古良吏风，甚得民心，终官秘阁修撰。著有《北山集》三十卷，有诗作《海棠》《寄题刘潜夫于蔫于斋》传世。天启《赣州府志·名臣》、乾隆《邵武府志·名臣》有传。

陈武（1144—1215年），字蓄叟，瑞安人。与族兄陈傅良名行相埒，永嘉学派学者。登淳熙五年（1178年）进士第，初授饶州教授，累官右文殿修撰知泉州。著有《江东地利论》。陈武早以经学蔼然有名，"退之方诲于诸生，下惠遽甘于三黜。"弘治《温州府志·人物志·理学》有传。

李诚之（1153—1221年），字茂钦，东阳人。吕祖谦高徒，与行之为友，其学"明于义利之辨"，主于力行。以太学上舍入官，授饶州教授，为官廉洁为公，终官蕲州知州。嘉定十四年（1221年）二月，金兵大举侵犯蕲州，诚之誓言"当与同僚戮力以守，不济则以死继之"迎击。后城陷，诚之及子士允、侄士宏力战死，妻、媳及孙辈皆投水死。赠朝散大夫、秘阁修撰，封正节侯，于蕲州立褒忠庙。真德秀有《宋故蕲州使君正节李侯墓表》）。

是年，《群玉堂帖》没入内府，行之翰墨杂见于《帖》中。

按：《群玉堂帖》系韩侂胄以家藏墨迹，令门客向若水编次，摹勒上石。摹刻甚为精善。韩氏被诛，帖石没入内府。据宋曾宏父撰《石刻铺叙》记载，全帖共十卷，首卷全刊南渡以后帝后御书，二卷则晋隋名贤帖，三则唐名贤帖，四则怀素千文，五六暨九卷悉宋朝名贤帖，七卷全刊黄庭坚书，八卷全刊米芾，末卷则为蔡襄、石延年帖。明陶宗仪《史书会要》云："蔡行之擅豪翰，其迹杂见《群玉堂法贴》中。"此帖现存三册，一册集晋代无名氏小章草书九页，一册为第八卷全刊米芾书，另一册为第六卷，全刊苏东坡书，其余俱佚。

又按：行之善书，黄溍《跋宋诸公遗墨》一文云："右宋人尺牍十有二，凡十人。雷知院孝友、宇文签枢绍节同事茂陵，而吴节使璘，宪圣犹子，曾开府规，寿皇潜邸旧人。此卷先执政从官，次宗戚近臣以及庶僚，而不复计其时辈之后先。又以蔡尚书幼学为中书，故亦置于郑侍郎作肃之后。睟卷纸有小墨印，曰'臣陈瑾重背造'，是必尝归于秘府矣。此十人者不皆以善书自名，当时相去又未久，不知何以贵重之如此。徐君于六十年后得之五千里外，岂不可为奇玩也哉。"（见《金华黄先生文集》卷二二）黄溍（1277—1357年），字晋卿，婺州义务（今浙江省义乌市）人。元延祐二年（1315年）进士。生活在元代，官至侍讲学士、知制诰同修国史、同知经筵事，书法造诣颇深。由上文可知，行之遗墨在元代仍颇受欢迎。

是年，长子蔡篇补试入太学。（林彬之《冲佑知府华文阁大监朝议大夫篇公行状》）

是年，二月叶适除宝文阁待制，兼江淮制置使，措置屯田，法甚善，赐金带。七月召赴行在，十二月，转朝议大夫，遭御史中丞雷孝友论，落职。（叶宰《叶文定公墓碑记》）

嘉定元年戊辰（1208年） 五十五岁

【时事】

二月，改韩侂胄事迹。郴州黑风峒罗世传叛乱。

三月，夺毛自知进士第一人恩例。

四月，加赠彭龟年龙图阁直学士，谥忠肃；吕祖泰授迪功郎。

五月，王楠函韩侂胄、苏师旦首至金国，宋金和议成。

六月，金人归大散关，归濠州。

九月，赦沿边诸州。

十一月，金国卫王即皇帝位。

【事迹】

正月，任朝散大夫、宗正少卿，权中书舍人。（蔡幼学《宋鹤磐居士钟君墓志》）

正月十五月，姑父钟揢去世三年后，将葬，撰《宋鹤磐居士钟君墓志》，戴溪书碑。

△《宋鹤磐居士钟君墓志》："君姓钟氏，讳揢，字子晋。其先自闽徙温之瑞安。曾大父师立。大父□之。父万，故左宣郎，知绍兴府新昌县。母丁氏。君少孤，刻苦自立。及壮，博涉群书，独得诗人之趣。中岁，深居□交家，事无所问，意有

所感。公写之□诗凡为诗数百篇。自号鹤磐居士，乡人推之。娶蔡氏幼学之姑也。再娶陈氏，故严州通判执刚之女。又娶叶氏，故国学进士槩之女。男五人：曾，尝与东漕荐；周，虞，夏，商。女一人。孙男一人。开禧元年（1205年）六月己亥，君以疾卒于家，年六十有八。越三年正月乙酉，请孤奉君之丧，从葬于清泉乡笪笃山皇考墓侧。外侄朝散大夫、守宗正少卿、兼权中书舍人蔡幼学谨识。眷朝请郎、试国子祭酒、兼国史院编修、兼实录院检讨官、兼太子侍读戴溪书。"

　　按：此墓志二十世纪六七十年代出土于瑞安市笪笃山，现叶茂钱收藏馆藏有拓本。戴溪（1141—1215年），字肖望，号岷隐，永嘉人。淳熙五年（1178年）以别头省试第一成进士，出任湖南潭州（长沙）石鼓书院山长。曾任资善堂说书，为太子讲解儒经。累官权工部尚书、宣奉大夫、龙图阁学士。

蔡幼学撰《宋鹤磐居士钟君墓志》

谥文端。《宋史》卷四三四有传。

是月，迁中书舍人兼侍讲。(《宋会要辑稿·职官》六之七二)

始参与经筵，进说《诗经》。(《宋会要辑稿·崇儒》七之二八)

正月二十五日，与楼钥、倪思、叶时同知贡举。(《宋会要辑稿·选举》二一之一〇)

正月，作《范仲壬知江陵府制》《刘甲授宝谟阁直学士制》《冯从顺授四字夫人制》《杨从慧授二字夫人制》《卫从正授国夫人制》《何寅寅授郡夫人名从谨制》《陈咸授朝请大夫制》《辛弃疾待制致仕制》《赵希怿江西运判制》《余崇龟授朝请大夫制》《刘槼授朝奉大夫制》《赵师罴知镇江府制》《李孟传福建提刑制》等。(《外制》卷二)

二月，宁宗赐楼钥、行之等贡举考官诏书。

宋宁宗《省试赐知贡举御札》："更化之始，属当多士来试春官，去取之间，趋向所系。卿等宜审加考阅，择其文体醇正、议论精确者，置于前列。其或因问献言，实有可用，虽涉讦直，勿以为讳，庸副诏延俊义，共起治功之意。朕将亲策于廷而官使之。"(《咸淳临安志》卷一二)

又与楼钥等考官始取"义理之文"，士学渐复于正。

△《宋史》本传："嘉定初，同楼钥知贡举。时正学久锢，士专于声律度数，其学支离。幼学始取义理之文，士习渐复于正。"

　　与楼钥、倪思、叶时上《恭题知贡举所赐御札》。

　　△楼钥《恭题知贡举所赐御札》："皇帝御极十有五年，岁在戊辰，礼部试进士五千余人。二月甲辰，以御札付臣等。臣钥率同知贡举臣思、臣幼学、臣时，暨参详、点检试卷官以下三十三人，班列于庭，望阙重拜。退而启缄伏读，莫不惊喜感叹，以为前此虽间有之，未有如今日之盛举也。仰惟皇帝陛下，以浚哲之资，承付托之重，清心寡欲，崇儒典学，不懈益虔，乃者权臣开边，涂炭生灵，陛下忧形于色。外锄叛将，内诛元恶，处之晏然，而天下复定。所谓渊默而雷声，神动而天随者也。方且厉精而躬览，临政而更化，廪廪向治安矣。先是，三锡宸翰于贡闱，其二皆以不及临轩，故戒主司以审取舍。今岁亲策造士，而又豫戒臣等至于再三。盖自比年以来，奸幸弄权，公道几泯，举场宽纵，以私害公，士类嗟惋，不胜其弊。又虑人之议已也，专为蒙蔽，杜绝人言。仰赖陛下圣心感悟，首下求言之令，继颁温诏，博采刍荛，真社稷之福。今圣训有曰：'去取之间，趋向所系，使精加考阅，择文体醇正、议论精确者。'又曰：'或因问献言，实有可用，虽涉讦直，勿以为讳。'陛下隆宽尽下，高视千古，属意人才，兴起治功。煌煌帝谟，五三六经，载籍之传；敢谏之鼓，诽谤之木，何以尚此！猗欤休兹！臣等既以宣示寮属，更相劝厉，又以圣意发策，俾士子尽言无隐矣。伏念臣等受国厚恩，平日所愿，推贤逊能，图报万分。矧以孤学，误蒙委以文衡。回念场屋之旧，固不敢轻于抑扬。恪遵告戒，谨拔其尤异者，置在前

列。然士子局于文体，虽有奇才，恐不得骋。又臣等智识荒浅，深恐上不足以副陛下求贤之切，下不足以得人物之真，惊惕祗惧，夙宵靡遑。敢以奎画登诸乐石，以诏四方。仰惟国家设科得人最盛，然山林岩穴之士，必有逸才高节，非科目所能致，爵禄所能诱者。惟陛下推此心以往，不惮孜孜而求之，当有魁垒不世之才出而为陛下用。野无遗贤，多士济济，臣等不佞，尚庶几见之。"（《攻召宰辅，同豫荣观，甚休甚盛。臣等猥以未学，获备讲读之职，无所发明，积怀愧惧。窃惟三代而下，人主号为尊尚儒术，莫如汉之武帝、唐之太宗。武帝表章六经，然好大喜功，失于多欲；太宗严访儒生，然内多惭德，人得以议。诚未有如陛下始终惟一，笃学而力行者也。夫《诗》之美刺，关系治忽，文、武王业之所由兴，幽、厉王业之所由替，与夫持盈拨乱，治内治外之规模，不可为后世法。陛下深明六艺，夫岂效经生学士，区区于多识鸟兽草木之名？盖欲本之修身，刑之齐家，极于美教化，移风俗，是以施为注措，莫不有得于《诗》。敬畏天戒，则不识不知，顺帝之则也。遵守成宪，则不愆不忘，率由旧章也。《下武》继文，于以尽其孝。《行苇》忠厚，于以广其仁。夙夜敬止，于以致其勤。奉养有节，于以示其俭。不谏亦入，则从善为甚速；见晛曰消，则去邪为甚易。戒政多如雨，则威福自已；惩巧言如流，则听断惟精。险诐私谒，不行于宫庭，《关雎》之美著焉；振振信厚，皆显于公族，《麟趾》之化行焉。诛鉏元凶，所以惩尹氏之专于秉国；登进耆旧，所以藉老成之重于典刑。《棫朴》能官，而髦士休宜；《菁莪》乐育，而英才并出。至若有常立武，而得卫中国之道；不隃厥问，而得御夷狄之术。劳来还定，而鳏寡不失其所；叙情悯劳，而将士咸乐为用。凡此大政数十，虽陛下天资高明，动与理合，然实稽古典学之力也。盖《诗》进讲，始于陛下登极之初，绍熙五年（1178年）甲寅八月，终于嘉定改元戊辰三月。日就月将，缉熙光明，陛下既得之矣。维天之命，于穆不已，文王之德之纯，纯亦不已，抑臣等愿陛下加之意焉。臣等遭逢明时，亲睹盛美，若不能备述始末，登载简策，传示万世，则为有罪。谨具札子奏闻，伏望圣慈宣付史馆。"

按：此文系以下诸人合奏，资政殿大学士、中大夫、提举万寿观、兼侍读赵彦逾，通奉大夫、守吏部尚书、兼翰林学士、兼修国史、兼实录院修撰、兼侍读楼钥，宝谟阁学士、太中大夫、充湖北京西宣抚使、兼侍读宇文绍节，中大夫、权兵部尚书、兼修国史、兼实录院修撰、兼侍读倪思，朝奉大夫、试尚书礼部侍郎、兼直学士院、兼修玉牒官、兼侍讲章良能，朝散大夫、试中书舍人、兼侍讲蔡幼学，朝奉大夫、试右谏议大夫、兼侍讲叶时，朝奉郎、殿中侍御史、兼侍讲黄畴若，宣教郎、试起居郎、充奉使通谢使许奕，朝议大夫、起居舍人、兼太子侍讲陈希点。

讲诗终篇，序进文阶，楼钥有《蔡幼学讲诗终篇转官制》。

△楼钥《蔡幼学讲诗终篇转官制》："朕践阼十五载，尤先讲贯之勤，诵《诗》三百篇，端赖缉熙之益。谈经既毕，第赏可稽？具官某早冠时髦，寝为朝望，践扬已久，既昭著夫外庸；献纳于今，喜时陈夫谠论。谨凤掖代言之职，当金华卒业之辰，序进文阶，以酬儒效。其罄格心之学，用为报上之忠。"（《攻媿集》卷四一）

按：同书卷四六《经筵进讲毛诗终篇宣答词》："有制：朕临御今十五载，讲《诗》终三百篇。"同书卷九有《经筵讲诗彻章进诗》。故得，是月拟此《制》。

是月，作《程骧赠通议大夫制》《王桷太府寺丞制》《薛极刑部员外郎制》《李孟传福建提刑制》《程准知宁国府制》《李好义赠检校少保制》《干震赠承务郎制》《曾炎知婺州制》《邹应龙母封太恭人制》《周虎授文州刺史制》《史弥远母封国太夫人制》《雷孝友封赠三代及妻制》《黄度太常少卿制》《汪逵秘书少监制》《傅伯成太府卿制》《林拱辰浙西提举制》《朱钦则降朝散大夫制》《常楮宗正丞制》《徐邦宪吏部员外郎制》《张大猷湖南提举制》。(《外制》卷四)

为宁波奉化李之列抗金义举事，上言朝廷，请求赠官。后，朝廷诏赠修武郎。

△《李之列传》："建炎三年（1129年）冬，金寇至。明年正月己未，破明州，诸县悉遭焚毁。子列率义勇、援兵、社夫凡一千一百八十四人拒贼。庚申、乙丑、丁亥三战于泉口、招贤等路，贼不敢进，奉化独全。寇去，兵罢，犒给之费余万缗，皆子列身任之。事定，虚张功伐冒赏者甚众，子列独不言，士大夫常诵其事。蔡文懿公幼学云：'渡江之初，帅守弃城者相踵也，而子列独以身捍一邑。然则安危之势，岂不以其人哉？'推是而言，士之抱负愈伟，则功名之所及愈大，观子列之事，亦可以兴起矣。"(宝庆《四明志》卷九)

△黄宗羲《博士李三江先生元白》："文懿为舍人，以先生上世起兵事闻，进论其功，有诏赠俌为修武郎。"(《宋元学案》卷七六)

四月初四日，三上《嘉定元年请对札子》，建言：以肃纪纲，以正人心，革弊便民，堤备关防。

△《嘉定元年请对札子一》（四月初四日）："维持天下者，法也。法立于上，守之而无或紊，则主权日尊，朝纲日肃，人心日正，国势日安。法虽存而以私意紊之，则其源一开，其流滋甚，其极遂至于不可复反。……自韩侂胄以肺腑奔走，夤缘亲近，乘间投隙，获售其私，始得以窃陛下之权，而侵庙堂之事。侂胄之所自处，既越乎法守之外，一时附会之党，各以其私求侂胄，而侂胄亦以其私应之。人人得遂其私，而国家之法不复问矣。……今日之事，处流弊之极，则惩创改革，尤不可以不严。陛下当为祖宗守法，而谨之于宫掖；群臣当为陛下守法，而正之于朝廷。君臣之间，协德一意，而无或以其私间之，斯可矣。……内而宫掖，外而朝廷，皆明示以圣意，使相与奉承。凡命令之行，悉遵成宪，其有法所不当得者，一切拒绝，以肃纪纲，以正人心。"

△《嘉定元年请对札子二》，奉圣旨依："涣发德音，博延谠论。始自列位，下逮草茅，开导使言，惟恐弗及。中外臣子，皆以为有君如此，其忍负之？……权臣壅蔽之害，一旦悉除，嘉言日闻，下情日达，可不谓之盛美哉！臣窃以为求言非难，用言为难。乐于求之，而不切于用之，则实不称名，亦终于无益而已。……检会去年十一月以后，应臣僚陈请关于纪纲风化、革弊便民等事，有听而未行，行而未尽者，次第条举，断在必行。虽士庶之言，苟有可用，皆加采择，不为文具。庶

几名实相称，治道可兴，诚非小补。"

　　△《嘉定元年请对札子三》："见行人持书邻境，已遂还报，要约渐定，偃兵可期。……自今以后，应接之际，尤须斟酌得宜。如所与银币，必须敌人敛兵交界之后，方可交割。仍诏边面诸将，申严堤备，不得以信使已遣之故，便弛关防。"

（《奏议》卷三）

　　是月，作《刘允济太常簿管湛大理簿制》《李孟传江东提刑程准福建提刑》《立太子文武臣封父母制》《赵彦逾授观文殿学士制》《林仲虎知安庆府制》《王容父加封制》《王益之国博留元刚太博制》《郑昉国子录制》《史弥坚知潭州制》《沈诜授太中大夫制》《曾渐赠中奉大夫制》《吴猎授朝请大夫制》《孟导知严州制》《吕昭远知常德府制》《刘焯复集英殿修撰制》《眉州褒忠庙加封制》《徐邦宪司封员外郎制》《李揆吏部郎中制》《陈刚大理司直制》《张兴祖武学谕制》《求扬祖司农寺簿制》《陈自强韶州安置制》《曹叔远郑昉太学博士制》《林璩国子正李琪国子录制》《赵师䆩复通奉大夫制》《岳建等赠官制》《赵彦珫降朝奉大夫制》《陈革授左武大夫制》《赵彦卫汤岩起降官制》《耿良祐降从事郎制》《翟楫授保义郎制》《杨沆授修武郎制》《田祖周授武德郎制》《赵彦逾授太中大夫制》《楼钥授正议大夫制》《宇文绍节授通议大夫制》《倪思授太中大夫制》《章良能授朝散大夫制》《叶时授朝散大夫制》《黄畴若授朝散郎制》《许奕授奉议郎制》《陈希点授中奉大夫制》等。

（《外制》卷四、卷五）

父端卿赠通议大夫，母赠硕人。（墓志铭》）

闰四月，作《陈耆寿户部员外郎制》《曹庄秘书丞制》《陈武太府寺簿》《杨次山追赠三代及妻》《任希夷知湖州》《黎行之授宣教郎》《曾晛刑部侍郎制》《李孝纯开府致仕》《刘崇之叙朝议大夫》《叶翥赠少保》《丁煜大理正留晋评事》《皇子坦追封肃王》《柯甲大理寺丞》《刘元鼎授武节郎》《吴汉英太常丞邵衮大宗正丞》《程覃军器监主簿》《伯栩赠开府》《黄景说知静江府》《杨济潼川运判郭公夔提刑》《张诉广东运判廖德明提刑》《朱皆工部郎中》《毛崈将作监丞制》《张孝仲军器监丞》《王庭芝降奉议郎》《袁桂授朝奉大夫》《汪端中知宜州》《赵梦极守给事中致仕制》《陈舜申校书郎制》《真德秀留元刚正字制》等。（《外制》卷五）

闰四五月间，上《缴程锡知兴国军韩杞权通判宁国府指挥状》，奉圣旨依。

△《缴程锡知兴国军韩杞权通判宁国府指挥状》曰：“今程锡方历两浙转运司主管文字，止合在川广小郡之选。至于京官，必历知县，而后可任通判。……韩杞年甫三十，全无履历，止是特添差宁海军签判之后，便与添差通判，殊为侥幸。今乃乞以添差不厘务改授正任通判，为杞之计则得矣。……欲望收还程锡、韩杞新命，别与合入差遣。”（《奏议》卷三）

上《缴杨舜卿赠节度使指挥状》。

△《缴杨舜卿赠节度使指挥状》曰：“陛下嗣位之初，台谏官列名论奏杨舜卿与陈源、林亿年阴为鬼蜮，翻覆宫闱，滔

天之恶，中外切齿，原情定罪，合即严诛，乞投之四裔，以御魑魅。陛下嘉纳其言，即将舜卿罢逐。迹其罪状，自应终身不齿。及权臣用事，乃以私意，浸与叙复，使舜卿复得以遥郡承宣使奉祠，殊为侥幸。今舜卿虽已死，固圣世之罪人，岂容超赠节钺，宠以所不当得之官乎。"（《奏议》卷三）

上《缴安丰县令沈炫改差湖北安抚司干办公事指挥状》，奉圣旨依。

△《缴安丰县令沈炫改差湖北安抚司干办公事指挥状》曰："为政之患，莫大乎启侥幸之门。凡法之所不当得者，皆侥幸之所自启也。无法而援例，其弊犹在所当革，况无法无例，而一旦创见者乎？……今来沈炫系开禧三年（1207年）正月到任，方书一考，臣质之成法，参之近例，既无一可，不敢不以为言。欲望圣明收还已降指挥，以戒沿边官吏。"（《奏议》卷三）

上《缴申明阁门供职及十年许注州钤路分指挥状》，奉圣旨依。

△《缴申明阁门供职及十年许注州钤路分指挥状》曰："陛下收还大权，一正纲纪，自权臣盗政以来，十余年之积弊，无不次第改革，天下拭目以观，维新之治，甚盛甚休。近年以来，阁门供职人往往不俟年限之满，预陈乞钤辖路分等差遣，仍在阁门供职，阙次一到，径可之官。盖身为内官，而待外官之阙，此法之所无，而不可不革者也。今陛下既令照应绍熙二年（1191年）指挥，候任职及十年，经阁门陈乞，则自

今日以前，未及十年，陈乞除授待阙之人，实为侥幸。若皆置而不问，则后来者将未免复有觊幸万一之心。臣愚欲望圣明除依今来已得指挥外，更令阁门刷具见供职阁门宣赞舍人已下，已授州钤辖、路分将副差遣者，并行追寝，只令依旧在阁门供职。候及十年，方许别行陈乞。令阁门保明，申枢密院，照条除授。其先来除授外任已曾赴上者，与免追改，候今任满日，依旧且与本等差遣。如已任路分年限未满之人，只再路分；已任将副之人，只再将副，不得升等除授。"（《奏议》卷三）

上《缴陈知津知湖州指挥状》，奉圣旨依。

△《缴陈知津知湖州指挥状》曰："监司郡守之除授，固不可不审也。彼陈知津者，趋向庸凡，素行猥鄙，历官既久，初无能声。其守筠州，肆为贪黩，售鬻举状，皆有定价，招刺兵卒，非贿不行，刻剥侵渔，无所顾忌。……欲望将陈知津除命特赐寝罢。其湖州守臣，必选朝士之公正廉洁、有材望风力者，然后命之。"（《奏议》卷三）

上《缴皇太子宫修盖修内司临安府转运司官吏推恩指挥状》，奉圣旨依。

△《缴皇太子宫修盖修内司临安府转运司官吏推恩指挥状》曰："凡命令之行，悉遵成宪，其有法所不当得者，一切拒绝，即蒙圣慈开纳，降旨依奏。今来修盖皇太子宫毕工，逐处官吏推恩，即未审有无典故可以为据。若果有典故，则是法所当得，亦当从朝廷检照，明降指挥，则与之可以无疑，而受之者亦可以无愧，自不必以内批施行也。若典故之所无，而以

内批行之，则于陛下裁抑侥幸之意，恐有未安。"（《奏议》卷三）

上《缴李隶特转一官指挥状》，奉圣旨依。

△《缴李隶特转一官指挥状》曰："赏典之行，有当有否。赏当其宜，则人无异议，而得之者可安；苟少未当焉，则不惟人窃议之，而得之者亦未免自疑矣。李隶差提举，皆在成肃皇后祔庙之后，则是祔庙赏典，固非隶所当得。今与依例转行一官，则隶固不容以不辞。……欲望因隶控免，收还已降指挥。"（《奏议》卷三）

上《缴张埏理作自陈指挥状》，奉圣旨依。

△《缴张埏理作自陈指挥状》曰："孔子曰：'小人不耻不仁，不畏不义，不见利不劝，不威不惩。'小惩而大戒，此小人之福也。……张埏者，猥缪庸邪，无足比数。埏累任奸赃，皆有实状，其甚者，至于诸子众妾，交通关节。埏恃权臣之私，求进不已，去岁复授以广东提刑，虽台臣劾奏，尚得祠禄。今国法方正，公论方明，埏乃李澄、胡衮之流，其得家居奉祠，已为幸免；反于此时尝试朝廷，敢有干请，乞以宫观，理作自陈。埏罪恶著闻，不应复玷此选。……欲望将张埏落职罢祠，勒令致仕。"（《奏议》卷三）

上《缴林祖洽知宁国府指挥状》，奉圣旨依。

△《缴林祖洽知宁国府指挥状》曰："汉宣帝始亲政事，厉精为治，常称曰：'庶民所以安其田里，而亡叹息愁恨之心者，政平讼理也。与我共此者，其惟良二千石乎！'故拜刺史

守相，辄亲见问，观其所由，退而考察其所行，以质其言。……林祖洽，在孝宗时已以回邪贪黩，为臣僚所论矣。总饷湖广，钱物不明；近守当涂，赃状彰露。及为户部，专事诛求，追逮鞭笞，曾无虚日。今使祖洽往守宣城，将取其能养民耶？将取其能理财耶？……欲望圣明收还林祖洽差知宁国府之命，且令依旧宫观，别选良吏，以惠此邦。"（《奏议》卷三）

上《缴送大理寺看详赵善谦元犯申省指挥状》，奉圣旨依。

△《缴送大理寺看详赵善谦元犯申省指挥状》曰："朝廷之用法，不可流于苛，亦不可失于纵。辨雪诉理，固当尽人之情，而已经窜谪之人，玩法慢令，亦在所当惩也。赵善谦以开禧二年（1206年）十月十一日除名勒停，送沅州居住。当年九月十五日，建康府差人押发。其善谦至宁国府称病留医，经涉两年，不曾前去。其子汝梧却经宁国府陈状，乞照明堂大礼赦恩，放父逐便。两年之间，不至贬所，玩法慢令，莫此为甚，于朝廷之体，不无所伤。……欲望下尚书省，行下宁国府，更专差人日下催促赵善谦前去沅州候到。令沅州知通保明，具申照会。其大理寺索案看详指挥且行收寝，候沅州保明申到日。"（《奏议》卷三）

上《缴张宗尹权通判临安府指挥状》，奉圣旨依，别与通判差遣。

《缴张宗尹权通判临安府指挥状》曰："自古为国之道，固未尝不以世臣为重，故凡勋臣之裔，苟其志在立事，有材可称者，皆当奖而任之，诚不可以置而不用也。若其庸凡骄惰，初无所长，则当以其先世之故优养而保全之，不必轻任以事。张宗尹者，生于勋阀，素安豢养，民情吏事，皆非所闲。虽曾历添差通判宁国府一任，未闻其为搢绅所称数也。……欲望收还已降张宗尹差权通判临安府指挥，别与差遣。"（《奏议》卷三）

五月，作《史次秦改奉议郎制》《张宗涛循文林郎制》《冯端方等转官制》《韩休等转官制》《张宗允等转官制》《周奕等转官制》《刘绍祖授修职郎制》《赵善防直阁致仕制》《任公寿雍遬转官制》《卜泾叶葵授修职郎制》等。（《外制》卷五）

上书《条具时政缺失状》，言："自更化以来，边戍未解，庙堂之上方以此事为急；而常程庶务，未免悠悠，四方申请，或不时决。……两淮流民，去冬散入江南诸郡者，无虑百万。今春渐令归业，固为善意，而沿江郡守或欲以流民不在境内为名，未免驱迫使去，不顾其他。……江浙以南诸郡，今岁得雨大抵后时，又蝗蛹之灾，所在多有。……全蜀四路，地狭民贫，养兵费重。自边事以来，赋敛增益，科率频繁，数十郡之民皆受其害。"（《育德堂奏议》卷四）

按：《两朝纲目备要》卷一一："嘉定元年（1208年）五月甲子，太白经天。蝗。乙丑，减常膳。丁卯诏侍从、台谏条上阙政，监司、守令条上民间利害以闻。"可知，上《条具时政缺失状》当为嘉定元年（1208年）五月之事。

六月，以中书舍人兼直学士院。

△何异《宋中兴学士院题名》："（蔡幼学）嘉定元年

（1208年）六月以中书舍人兼侍讲兼学士院。”

是月，戴栩登进士第。（《南宋馆阁续录》卷八）

按：戴栩（生卒不详），字文子，永嘉县菇田人。戴溪族子，叶适学生。嘉定元年（1208年）进士。历官太学博士、秘书郎、衡州知州、湖南安抚司参议官。弘治《温州府志·人物志理学》有传。

上《缴黄瓌放罢指挥状》，奉圣旨依。

△《缴黄瓌放罢指挥状》曰：“人主操黜陟之柄，必审功罪之宜；功罪既审，则即其事以明示天下。是以进一人而天下莫不知所劝，黜一人而天下莫不知所惩。苟但黜其人而不明其罪，则闻之者未详其所自，非所以耸动天下之观听也。……黄瓌之在蜀，岁月不为不久，及闻武兴之变则□弃司存，仓皇东下。曾不两旬，授以宪节。方郴州桐寇窃发未宁，瓌既兼领两司，顾乃止以督捕付之赵彦掞，以致飞虎军统制边宁等率兵轻进，自取败没。瓌方掩覆其事，不以上闻，非漕臣节次申且按赵彦掞之罪，则朝廷无由知其详矣。……欲望特降指挥，正瓌之罪，夺其贴职。”（《奏议》卷四）

上《侍从两省官应诏举监司状》，荐举枢密院编修官兼庄文府教授刘榘、太常寺主簿刘允济、主管台州崇道观赵幼闻充任监司。

△《侍从两省官应诏举监司状》曰：“朝奉大夫、枢密院编修官兼庄文府教授刘榘，操行谨恪，处事审详。爱民之心，期于自见；治县佐郡，皆有声称。”“朝散郎、行太常寺主簿刘

允济，性资淳实，儒雅自将。接物和平，而介然有守。长溪最号剧邑，独以治办不扰闻。""朝奉郎、主管台州崇道观赵幼闻，识趣过人，操持不苟。居官廉介，孜孜为民。作县之后，一任干官，两任通判，而恬于仕进，不求人知。"（《奏议》卷四）

按：《两朝纲目备要》卷一一："嘉定元年（1208年）六月丙戌，诏举边守。诏侍从、两省、台谏举沿边守臣。"

刘榘（生卒不详），字仲则，自号求斋，福建莆田人。南宋淳熙八年（1181年）黄由榜进士。初授浙江嵊县知县，为政明允，体恤百姓，与史弥远不和。累官工部尚书兼太子詹事。

刘允济（生卒不详），字全之，浙江黄岩人。与兄弟允迪、允武，号"三刘"，叶适旧交。淳熙五年（1178年）进士。初为婺州教授，历官长溪知县、太常寺主簿、主管官告院、南剑州知州、朝请大夫温州知州。有政声，杜范挽称："瓯闽看蔽芾，有泪正难收。"叶适称："同年刘使君，与余素旧，其守永嘉，常减骑数出，支座熟语，良乐也。"

赵幼闻（生卒不详），浙江瑞安人。乾道二年（1166年）进士。授福建侯官县丞，历官邵武知军、仙居知县。赵汝愚曾荐举称："从政郎福建侯官县丞赵幼闻，器资端亮，识度宽宏，恬淡优游。凡势利之际，众人所其趋者，幼闻独退然引避，若无意于世者。至公家有利病，则未尝不首出为臣言之。其人忠信笃实，可临大节。"

七月，上《乞宣押宰执赴堂治事状》，言："自更化以来，于今盖九阅矣。人才虽渐进，而政令未尽修明；权纲虽少正，而蠹弊未甚惩革；信使虽已出境，边事虽可浸宁，而沿边数千里荡为丘墟，死者御冤无穷，生者无以免死。又亢旱之后，继以飞蝗，岁事可忧，人情惶惑。内而弥缝辅赞之道，外而经理还定之方，推而至于燮理阴阳，消弭灾异，孰非一二大臣所当任哉？今徒从事于辞逊之虚文，而不思图回之实事，臣虽至愚，知其不可。……欲望申诏大臣，谕以圣意，特遣中使宣押赴堂，自初五日以后治事如故。其有丐去之章，并却而不受。"（《奏议》卷四）

按：自上一年十一月韩侂胄被诛，过了九月，则为嘉定元年（1208 年）七月。

上书《缴戴坦特循一资指挥状》，奉圣旨依。

△《缴戴坦特循一资指挥状》曰："赏典之行，国家所以奖劝天下，不以轻重大小，期于当其实而已。苟未得其实，则赏虽至微，固未可以轻予，诚恐赏及一人，而启他人侥幸之心也。自兵兴以来，沿边官吏以劳受赏者固非一人，盖未有不由宣抚、制置等司保明闻奏者。今来戴坦自陈，谓昨以盐城县尉暂摄邑事，捍御番军，保全一邑，知州李郁尝奏之于朝，及淮东提举赵善諰以本县士民列状，委楚州通判郜困究实，备申督府。乞免行下江淮制置使司核实保明，径与优加推赏。……欲望将已降戴坦特与循资指挥且行收寝，依旧委江淮制置司核实保明，候到，量其轻重，却与推赏，亦未为晚。"（《奏议》

卷四）

上《缴赵师𫟹宝谟阁学士知江陵府充京西湖北路制置使指挥状》，七月十三日，赵师𫟹复宝谟阁直学士，依所乞与宫观。

△《缴赵师𫟹宝谟阁学士知江陵府充京西湖北路制置使指挥状》："人主之除授，必参诸天下之公论，用一人焉而众无异议，则与之可以无疑，而得之者亦可以无愧。苟除命之出，而士大夫国人多以为不可，则不如勿用之愈也。赵师𫟹天资浮薄，素行贪污，三守临安，赃状狼藉，盖举天下之人而能言之。其谄附权幸，不顾廉耻，亦举天下之人而能言之。……今闻师𫟹之在镇江，复以操切为术，流民在境内，迫逐而去之，幸其渡江，则尽撤去其所居席屋，使之不可复回。……今一旦授以直学士之职，付以两路制置使之权，臣不知搢绅士子、市井道路之言，将以为可乎？将以为不可乎？"（《奏议》卷四）

按：据《建炎以来朝野杂记》云："休兵后，始置京湖制闻，命赵师𫟹尚书以直学士为之，既为蔡行之所核，乃改用李伯和尚书。"

上《缴杨九鼎乞解官终丧不允指挥状》，奉圣旨依。

△《缴杨九鼎乞解官终丧不允指挥状》曰："事亲孝，故忠可移于君，此圣人之格言，万世所不可易也。杨九鼎去年八月十七日以知无为军，丁母忧，未几而起复，又未几而改知蕲州。今其母丧犹未期年也。感岁时之变，迁哀慕之情，于人子之心必有不容已者。今沿边诸路，以起复在任者惟九鼎一人。方今年二月九鼎有请之时，边事未定，朝廷不从其请，犹为有

名；今边事既宁，而九鼎亲丧未葬，恩义轻重，固自晓然，观九鼎所请之辞，已为恳切。……欲望圣慈依九鼎所乞，许令解官持服，以遵礼制。"（《奏议》卷四）

是月，作《黄中著作佐郎制》。（《外制》卷五）

上《应诏举边郡太守状》，荐举江淮制置大使司议官李大东、提辖行在榷货务都茶场赵师迪。

△《应诏举边郡太守状》曰："朝奉郎、充江淮制置大使司参议官李大东，器业传家，材猷强敏，通练民事，志在驱驰。昨宰严之桐庐，独称治办；其在制幕，宣劳居多。""承议郎、提辖行在榷货务都茶场、镇江府置司赵师迪，临民慈惠，处事疏通。向丞邵武之泰宁，臣适备数福建提举，已知其人，既而治县佐州，皆有民誉。此二人者，资历已深，若任以边面要郡，必能称职。"（《奏议》卷四）

按：李大东（生卒不详），广东四会人。李大性弟。历官建康知府、镇江知府、建宁知府，除宝文阁待制、沿江制置使，仍兼建康知府，华文阁直学士，除显谟阁直学士，累官兵部侍郎。

赵师迪（生卒不详），字载道。庆元四年（1198年）由宣教郎任万安知县。简易近人，崇文好礼，创龙溪书院，又修建万安县学、淮安郡学，置临江军贡士庄。嘉定五年（1212年）四月，以朝散郎知徽州。

七月二十八日，三上《嘉定元年请对札子》，言："一代之治，必有立国之规，善继治者因其成规而增益之，则可以保国于长久矣。……责任长吏以恤困穷，谨择监司以访疾苦，蠲省苛刻，而愁叹之声日销，抑退奸贪，而侵渔之患日戢，则里闾苏息，州县少宽，而祖宗所以涵育黎元者，庶乎其不失矣。风化成于士大夫，恩意达于黎元，则根本深长，元气充实。推此二美，日增而月益之，享国久长之道。""制治之道，及其时而为之，则可以一劳而永逸；失其时而不为，则他日将有不及事之悔。……苟可以便民，毋吝于小费；苟可以利国，毋沮于浮言。""念国步之方艰，忧民生之日困，撙节于内，以拯救之，庶几邦计少舒，人心欣戴。……自今后应缘经理边郡、收复流亡及赈恤饥荒等事，朝廷有不能尽给者，特以内藏库钱物通融应副，或许时暂借拨，续次收簇补还。"（《奏议》卷四）

是月，陈傅良遗作《春秋后传》刊行，周勉有《题跋》。（周勉《春秋后传题跋》）

八月，除刑部侍郎兼侍讲兼直学士院。（《宋中兴学士院题名》）

上《刑部侍郎举自代状》，荐举通判徽州军州事潘霆。

△《刑部侍郎举自代状》曰："承议郎、新权通判徽州军州事潘霆，奋自儒科，闲于吏事，材猷彊敏，识虑周详。"（《奏议》卷四）

按：潘霆（生卒不详），字材叔，一作才叔，永嘉（今属温州市鹿城区）人。淳熙十四年（1187年）丁未进士。开禧间通判徽州，终官安丰守。善诗词。许及之赞称"才堪当一面，句可敌长城。"

十月，除吏部侍郎兼侍讲兼直学士院。（《宋中兴学士院

题名》)

是月，上《吏部侍郎举自代状》，荐举两浙西路安抚司干办公事王棐。

△《吏部侍郎举自代状》曰："从事郎、新差两浙西路安抚司干办公事王棐，早以文学，有声上庠。从事近藩，悉心裨赞。业履之茂，士流所推。"（《奏议》卷四）

按：王棐（生卒不详），字仲温，浙江临海人。黄度次女婿。庆元五年（1199 年）进士。历官太常寺主簿、将作监丞、衢州知州，提举浙西常平，除金部郎中兼权平江府，迁国子司业、起居舍人，终右文殿修撰，主管冲佑观。

十一月，为朝议大夫、吏部侍郎，兼侍讲，兼直学士院。（《故宝谟阁待制致仕赠通议大夫陈公行状》）

作《故宝谟阁待制致仕赠通议大夫陈公行状》，时恩师陈傅良去世已经四年。（《故宝谟阁待制致仕赠通议大夫陈公行状》）

是年，叶适开始撰述《习学记言序目》。（《习学记言序目》孙之弘序）

是年，内弟林洁己嘉定知府。（李刘《代回林嘉定洁己启》，《四六标准》卷二五）

按：林洁己（生卒不详），字与之，平阳人。系林信厚四子。举宋神童科进士。嘉定元年（1208 年）嘉定知府。历官饶州知州、成都府提刑、南剑州知州，政绩卓著。《福建通志》三一《名宦三》有传。子武状元林梦新，民国《平阳县志》有传。

嘉定二年己巳（1209年）　五十六岁

【时事】

二月，蒙古兵入灵州，西夏襄宗李安全投降。

春，辉和尔国（即唐朝高昌）投降归顺蒙古。

四月，汰淮、襄忠义民兵归农。临安大疫。

十一月，郴州黑风峒首领李元砺起事，连败官军。

【事迹】

正月，叶翥去世，朝廷赠少保，作《叶翥赠少保制》。（《外制》卷五）

上《应诏举所知状》，荐举淮南路转运判官刘弥正、荆湖北路提点刑狱公事钱文子、朝议大夫刘崇之。

△《应诏举所知状》曰："朝请郎、权淮南路转运判官刘弥正，性资淳实，履行清修，学有家传，能济其美。比在班列，众誉翕然。司庚淮东，当边事扰攘之后，廉勤撙节，公私以宽。朝廷察知其才，就迁将漕，益能布宣德意，约己爱民，恻怛慈祥，孚于一路。""朝奉郎、新权发遣荆湖北路提点刑狱公事钱文子，学博见明，发为文采。初以上舍两优释褐，任满例当中除，而权臣擅朝，耻于求售，俯就知县，实惠及民。后为学官，旋复丐郡以去，难进易退，士多称之。将漕成都，宣

劳已久；详刑湖外，未足以究所施。""朝议大夫刘崇之，识趣
高明，意气磊落。早由简拔，历事三朝。将指湖南，究心民
事。亦以权臣排摈，家食累年。既而驱驰西州，遂总军饷。转
输方急，期会无愆。吴曦既有逆谋，首加逼胁，崇之迫不得
已，絜身东归。虽尝谪官，已蒙恩叙复。"(《奏议》卷四》)

按：《两朝纲目备要》卷一一："嘉定二年（1209年）春
正月庚申，诏举监司、郡守、侍从、两省、台谏各举治行尤异
者二三人。"《续宋中兴编年资治通鉴》卷一四同载，故得。

刘弥正（1157—1213年），字退翁，号退斋，福建莆阳
人。刘克庄父，与叶适世交。淳熙八年（1181年）进士，历
官国史院编修、实录院检讨官、起居郎、吏部侍郎。曾上书
《侍讲朱公覆谥议》，定朱熹谥文。叶适有《故吏部侍郎刘公墓
志铭》。著有《退斋遗稿》。

钱文子（1147—1220年），字文季，自号白石山人，浙江
乐清人。永嘉学派学者。绍熙二年（1191年）以两优释褐，
授文林郎吉州判官，以朝散大夫、守宝文阁致仕。笃学明经，
长于《诗》学。著有《白石诗传》《诗训诂》《补寒兵志》等。
弘治《温州府志·人物志·宦业》有传。

刘崇之（1154—1210年），字智父，又字志夫，号瑞樟先
生，福建建阳人。淳熙二年（1175年）进士。授福清县主
簿，历官太府丞、除秘书郎、著作佐郎、荆湖南提举常平、赣
州知州、提点成都府路刑狱、户部郎中，湖北提刑。

二月，朝廷诏求提楮币之策，上《条具楮币利害状》，条

陈楮币利害，提出救币之策，经久通行之道。

　　△《条具楮币利害状》曰："号令之行，主于便民。去秋以会子折阅，遂下称提之令，固所以为民也。然诸路州军自通行会子以来，每贯鲜有兑及七百者，今一概拘以七百四十之数，固自难齐。官中所出之钱既不能多，未免务为一切，反以遗患。……今既已灼知其害，不容坐视，则变而通之，乃所以为民。莫若明降指挥，除临安府在城内外已兑七百四十外，其诸路州军民间私相兑便，有未能顿增去处，令所在守臣更切从宜措置，务要兑价以渐增长，公私两便，不得辄有抑勒，反为民病。目前救弊之策，宜无急于此者。至于经久通行之道，则当究其源流，详为区处。去秋尝以臣寮奏请及白札子所陈利害，令侍从两省台谏详议，大略皆以为军兴以后，所出会子过多，欲多方收换第十一界会子，以救其弊。朝廷亦已略见于施行。若使收换之数日多，支出之数日损，积以岁月，会子之在民间者渐少，则其势不得不重，其价不得不增。然而内地之和籴，边郡之赈恤，三总领之科降，仰给于朝廷者其数不少，恐不免更藉会子逐急应副。则是虽收之于彼，而复出之于此。所收之数不足以胜所出，则欲重会子，其势诚难。此则朝廷斟酌盈虚，思所以为久远之利者，次第行之而已。"（《奏议》卷四）

　　是月，上《白政府乞为孙应时推恩状》。二十一日，奉圣旨依，与孙应时之子祖开下州文学。（《奏议》卷六）

　　△张溟《孙应时传》："嘉定初，户侍沈公诜、刑侍蔡公幼学、给事曾公映、吏侍黄公度、兵侍戴公溪、工侍汪公逵，六

人同奏：'公问学深醇，行义修饬，见微虑远，能为国家弭患于未形，乞甄录其后。'得旨，特补其子祖开下州文学。"（孙应时《烛湖集·附编》卷下）

△《祖开补官省札》："嘉定二年（1209年）二月二十一日，敕太中大夫、守尚书户部侍郎、兼详定敕令官沈诜，朝议大夫、试尚书刑部侍郎、兼侍讲、兼直学士院蔡幼学，正议大夫、行给事中、兼同修国史实录院同修撰、兼太子詹事曾映，朝散大夫、权尚书吏部侍郎、兼修玉牒官、兼同修国史实录院同修撰黄度，朝请郎、权尚书兵部侍郎、兼同修国史实录院同修撰、兼太子左庶子戴溪，朝请大夫、权尚书工部侍郎、兼同修国史实录院同修撰、兼太子右庶子汪逵札子，……二月二十一日，三省同奉圣旨，特补一子下州文学。"（《烛湖集·附编》卷下）

五月，宁宗起用服丧期满的右丞相史弥远，拜右丞相兼枢密使兼太子少师，行之有《史弥远起复拜右丞相兼枢密使制》。（《外制》卷五）

朝廷诏侍从、两省、台谏各举有政绩人望者两人，以补郎官之阙。行之有《应诏荐郎状》，荐举江南东路转运判官俞亨宗、司农寺主簿留恭。

△《应诏荐郎状》："朝请郎、权发遣江南东路转运判官俞亨宗，儒雅老成，趋操不苟。自其治县，已以材称。尝登周行，不求幸进。家食累岁，安静无营。起守临漳，号为治办。比司冶铸，遂职转输。适当多事之余，能节浮费，得楮券肆万

及米万石，拨付沿江诸郡，赈给流民。其年虽高，蔚有风采。""朝请郎、行司农寺主簿留恭，大臣之子，以家法自将，履行温良，临事谨恪。两为郡贰，见谓宽平。昨守南康，爱民戢吏，区处郡事，巨细有条。将及期年，遽以忧去，郡人至今惜之，簿正大农，未足展布。"(《奏议》卷四)

按：俞亨宗(1134—1222年)，字兼善，浙江山阴(今浙江省绍兴市越城区)人。隆兴二年(1164年)进士。历官朝请郎、漳州知州、吏部郎官、大理少卿、秘书少监、江东转运判官、建康知府、福建提刑、秘书少监，兼国史院编修官，兼实录院检讨官。著有《山林思古录》《群经感发》《垂轩稿》。

留恭(生卒不详)，字伯礼，福建泉州永春人。留正子。以荫补官通判广州，历官南康知军、提举浙西常平、浙西提刑、直宝谟阁、绍兴知府、广州知州、建宁知府。号称循吏。

是月，大旱，朝廷诏令两省、侍从、台谏暨百执事之臣上封事，上《应诏条上封事》。

△《应诏条上封事》曰："两岁之间，旱蝗为沴，近自畿甸，远及淮壖，饥疫相仍，死亡枕藉。独幸二麦小熟，尚可支梧。深谓今秋庶几一稔，而入夏以后，复苦亢阳。祈祷虽周，膏泽未沛，凡在艰食之地，复罹闵雨之忧，民之余生，何以自保？……谨条三事如后：人主之为天下，所以上与天通，而下服民心者，惟公道而已。愿主张公道为心，大臣以修明公道为任。进退赏罚，必尽循天下之至公，而私意毋得以干之。批旨之所行，苟有未安，则大臣不嫌于执奏；诏令之所达，苟有未

当，则给舍不惮于封还。内外相维，一归于正，明白洞达，而无所容议焉，则国体尊崇，人心悦服，而天地之至和自应矣。……见自五月以来，三省、枢密院所进拟施行事至为稀少。愿特遣中使宣召相臣，入对便殿，谕以圣意，押赴都堂治事。或相臣尚以微恙未可造朝，则照已降指挥，且令执政一面书拟其事稍重者关白相臣，相与议定，而后闻奏。则于事体，自为两全。凡陈请之未报者报之，必使其无留事；奏谳之未下者下之，必使其无淹狱。待差遣者，量其材否，随宜而授，以释其久旅之困；请祠禄者，视其久近，循次而与，以慰其家食之情。……御笔再令内藏库拨钱接济，拯救民命。此命既下，都城之民孰不仰戴陛下生死骨肉之恩？愿断自宸衷，明谕大臣，今岁举行荒政，特许兼拨内藏钱物。仍及秋成，即令旱歉州郡会计所须粜济钱米之数，早行申请，量其所当用多少，即以内库及朝廷钱相兼应副。责之州郡，一意奉行。"（《奏议》卷四）

十月，兼侍读，楼钥有《中书舍人蔡幼学兼侍读制》。（《宋中兴百官题名》）

△楼钥《中书舍人蔡幼学兼侍读制》曰："《春秋》天子之事，具存一国之书；笔削圣人之公，实为万世之法。朕久勤讲贯，期广见闻，兹择名儒，共论斯道。具官某深知经旨，素有师承。未冠而擅伦魁，士皆取则。既壮而登膴仕，人以为迟。近升禁路之华，庸代王言之重。予欲旁通夫六艺，岂容弗措于一辞？所以至日昃而不遑，庶几学古训而有获。惩恶劝善，其力究于微言；考古验今，将益明于大体。"（《攻媿集》卷四一）

按：此制下注有"一下二首，嘉定元年（1208年），以吏部尚书兼翰苑，偶西掖无兼员，用故事行词，并附于此。"《宋中兴学士院题名》："楼钥，开禧三年（1207年）十二月，除吏部尚书，兼翰林学士，兼侍读；嘉定元年（1208年）正月兼修国史，兼实录院修撰，仍旧兼；八月除端明殿学士签书枢密院事，兼太子宾客。"徐自明《宋宰辅编年录》："十月，楼钥同知枢密院事。嘉定二年（1209年）正月，楼钥参知政事。"《宋中兴学士院题名》："蔡幼学，嘉定二年（1209年）十月，升兼侍读。"孙应时《祖开补官省札》称，系朝议大夫，试尚书刑部侍郎，兼侍讲兼，直学士院蔡幼学等六人同奏补授《烛湖集·附编》卷下。故疑，楼钥下备注系误。

洪咨夔有《贺蔡侍郎升侍读启》。

△《贺蔡侍郎升侍读启》曰："畴绩典铨，升班进读。视玉堂之草，远追三盘五诰之遗；说金华之书，尽洗诸子百家之陋。天将大任，道不虚行。恭惟某官学包九流，声满六合。气刚大则当今之孟子，文雅健则后代之子长。功名听其自来，荣贵付之素定。不肯疾趋于半武，惟知傲睨于群飞。数年远龙尾之阶，一日上鳌头之禁。春翻红药，夜对金莲。方王言独鼓于风雷。而人物更精于冰鉴。欲重北扉之直，仍陪西学之游。尧舜汲汲，仲尼皇皇，所贵为王者之事；虞夏浑浑，商书灏灏，直期续圣人之传。于从容暇豫之时，有咨访讨论之益。凝旒深简，重席逾多。若昔邢昺，在咸平之间；与吾坡仙，处元祐之始。皆华盖有翰林之逼，而细毡惟广厦之居，不图今焉，复见

作者。地禁度花砖之日，天低垂画衮之云。亶为六籍之光，庸振诸儒之气。宠唐臣于三侍，咸知稽古之荣；取汉相于一言，伫究经邦之业。某系心玉峙，决眦冰衔。虽怜点铁之难成，不觉弹冠而自喜。结柳而送穷鬼，又惊岁律之推移；折梅而寄故人，正待春风之披拂。"（《翰苑新书》续集卷七）

按：洪咨夔（1176—1236年），字舜俞，号平斋，临安人。南宋诗人。嘉泰二年（1202年）进士。累官刑部尚书、端明殿学士。卒谥忠文。著有《春秋说》《西汉诏令揽钞》等。《宋史》卷四〇六有传。洪咨夔与李璧、卫泾、蔡行之等友交，是年丁母忧居家。

十一月十六日，与章颖、许奕、陈晦、刘榘、黄中、曾从龙、留元刚等上书《乞将高宗皇帝圣政宣付史馆奏》。

△《宋会要辑稿·崇儒》七之二九："嘉定二年（1209年）十一月十六日，朝议大夫、权礼部尚书、兼侍读章颖，朝散郎、试尚书吏部侍郎、兼侍读许奕，朝议大夫、试尚书吏部侍郎、兼直学士院、兼侍读蔡幼学，朝奉大夫，侍御史、兼侍讲陈晦，朝请大夫、行左司谏、兼侍讲刘榘，承议郎、右正言、兼侍讲黄中，朝奉大夫、起居郎、兼国史院编修官、兼实录院检讨官、兼太子右谕德曾从龙，承议郎、起居舍人、兼权直学士院留元刚札子奏：'臣等仰惟陛下天纵之圣，冠于百王，日新之德，光于四表。自履大位，虽万几之繁，日亲听断，然犹逊志于学，祁寒盛暑，不废讲读。固尝下明诏，增讲员，训辞丁宁，务求多闻之益。前乎此未有晚讲，自陛下始行

之；前乎此未有坐讲，自陛下始行之。书之国史，为法来世。每御殿帷，诹诸经，以究治忽之原；访诸史，以鉴得失之迹。因古验今，形于天语。辞简理到，臣下叹服。至于法先王，由旧则，业业乎累圣之重规。向者进读《三朝宝训》既终，继以《两朝宝训》。其后终篇，有司以他书为请，诏读《高宗皇帝圣政》。至于嘉泰三年（1203年）之四月，凡六年而后六十卷之书毕陈于冕旒之前。仰惟高宗皇帝圣学高明，神武震耀，中天立极，再造王室，枢机阖辟之运，与天地同其功，殆非常情之所能窥测。三十六年之治，利泽施四方，仁风翔海表，天下固已颂而歌舞之。而明明之庙谟，赳赳之雄断，料敌制胜之方，保大定功之略，大纲小纪，详法略则，规天条地之绩，声金振玉之妙，略见于此书。陛下临政愿治，动循丕矩，对扬休烈，观省不忘。其与商宗之鉴成宪、周王之酌祖道，盖异世而同符。臣等欲望圣慈宣付史馆。'"

十一月，二上《讲筵面奏札子》，建言："修人事以回天意，无或以私意闲之。侥幸之门不可以复启，防闲之道不可以弗严。贤才之当进者进之，毋虑其议论之难合，而有所遐遗；奸贪之当远者远之，毋以其营求之不已，而有所轻用。""随事节省，以备赈恤之须，所省十万缗，则可以活数千人之命，所省百万缗，则可以活数万人之命。宜公共详议，其不急之费，并行裁损，凡内外所省钱数，并专一拨充赈恤饥民之用，以救民生，以固邦本。"（《奏议》卷五）

十一月，临安府知府徐邦宪免职，以兵部尚书赵师䙬代之，命行之草诏。二十四日，上《缴赵师嚞辞免工部尚书兼知临安府降不允诏奏》，称："师嚞为人与其行事，众耳目素具也，诏必褒语，臣无词以草。"二十七日，赵师嚞依旧职名，依所乞宫观。（《奏议》卷五）

十二月，以龙图阁待制知泉州。（何异《宋中兴学士院题名》藕香零拾本）

△《宋史》本传："除龙图阁待制，知泉州。"

△《行状》："龙图阁待制，知泉州，未行。"

是月，与宫观，提举江州太平兴国宫。（《宋中兴学士院题名》《墓志铭》）

是年，长子蔡籥以文懿明经恩补承务郎，初注饶州浮梁景德镇。（林彬之《蔡籥行状》）

是年，妻子林氏赠硕人，夫人郑氏恩封硕人。（《墓志铭》、蔡籥《默斋泣血铭》）

是年，次子蔡节补试入太学。（谢子强《蔡节行状》）

是年，将《故宝谟阁待制致仕赠通议大夫陈公行状》上之太史。

△叶适《宝谟阁待制中书舍人陈公墓志铭》："开禧元年（1205年）三月庚寅，葬于帆游乡澍村前山。"又载："公葬四年，吏部侍郎蔡行之始状其行于太史，行之从公蚤，载之详。"（《止斋先生文集》卷四五）

按：开禧元年（1205年）下推四年，为嘉定二年（1210年），可知蔡幼学于是年将行状上之太史。

嘉定三年庚午（1210年）　五十七岁

【时事】

是年，连年旱蝗，饥民群起掠食。议收浮盐。杨安儿聚众攻掠山东。两浙大水，金国大饥。籍没韩侂胄家。

【事迹】

是年，提举江州太平兴国宫。

是年，王介上《乞勿令言事官去国奏》，为行之等去职抱不平。

△《宋史》王介本传："吏部侍郎许奕以言事去国，介奏曰：'陛下更化三年，而言事官去者五人，倪思、傅伯成既去，其后蔡幼学、邹应龙相继而出，今许奕复蹈前辙。此五臣者，四为给事，一为谏大夫，两年之间，尽听其去。或谓此皆宰相意，自古未有大臣因给舍论事而去之者，是大臣误陛下也，将恐成孤立之势。'"

嘉定四年辛未（1211年）　五十八岁

【时事】

二月，蒙古举兵伐金。

四月，两浙、福建州县禁科折盐、酒。

十月，以金国有难，命江淮、京湖、四川制置司谨边备。

【事迹】

是年，提举江州太平兴国宫。

三月，门人周端朝中省元。（《宋会要辑稿·选举》一之二七）

按：周端朝（1172—1234年），字子静，号西麓，又号东川，永嘉（今浙江省温州市鹿城区）人。为庆元"六君子"之一，永嘉学派学者。终官权刑部侍郎。卒谥文忠。著有《冠婚丧祭礼》二卷、《西麓涉笔》等。其学源出家学，又得张栻、朱熹之学，尝从行之、叶适、陈傅良学。于百氏无不通，尤熟于典故，博采众家。明弘治《温州府志·人物志·理学》有传。

五月，郡人赵建大状元及第。（《续宋中兴编年资治通鉴》卷一〇四）

六月，侄蔡篑出生。（莘塍《蔡氏宗谱》）

按：蔡筬（1211—1267年），字谓甫，号思山，瑞安莘塍人。由乡贡补入太学上舍，以郊恩例赐进士出身。官朝奉郎、建康通判兼劝农事。有诗文《主管华州云台观大理正朝请蔡公圹志》《挽宋侍左郎官前浙西提刑朝请王公》传世。

温州市庆年坊（2022年2月蔡建设摄）

嘉定五年壬申（1212年）　　五十九岁

【时事】

正月，诏诸路通行两浙倍役法。

五月，诸路坑冶，以通判、县令、县丞主之。

八月，蒙古军围攻金国西京，金兵几乎全军覆没。

十二月，辽人耶律瑠格归顺蒙古。

【事迹】

十月，迁建康知府，未行。（《宋史》本传、李之亮《〈南宋制抚年表〉补正》）。

十二月，迁建宁知府，未行。（《墓志铭》《行状》）

徐玑有诗《送蔡侍郎镇建宁》。

△徐玑《送蔡侍郎镇建宁》曰："熙洽壬辰际，刚明十载初。祥风开宇宙，粹质产琼琚。年齿终童右，文章两汉余。体将时格变，名向榜头书。多病侵丝鬓，清颜侍玉除。温恭扶国是，端直屏奸渠。良月春先暖，丰年日自舒。潜藩来骑鼎，故里去程徐。北虏盟方缔，蛮陬孽已锄。顾言归补衮，敷泽遍坤舆。"（《二薇亭诗集》卷上）

是年，次子蔡节恩补迪功郎，授浮梁主簿。（谢子强《蔡节行状》）

是年,《育德堂外制集》八卷、《育德堂内制集》三卷刊行。

按:《直斋书录解题》卷十八载:"《育德堂外制集》八卷、《内制集》三卷,蔡幼学撰。"与今所流传的《育德堂外制》相比,其书名多一"集"字,且卷数多三卷,可见《育德堂外制集》《内制集》在南宋后期已单独流行,惜已失传。现《育德堂外制》有宋刻本、敬乡楼刊本、民国影钞本、续修四库全书本(上海古籍出版社,2002年)。其中,宋刻本,系蔡幼学长子蔡籥提举福建常平期间刊印本。六卷,目录一卷,正文五卷。半叶九行,每行十八字,注文小字双行;左右双边,白口,双黑鱼尾;版心上方记每叶字数,下方记刻工姓名;仿颜体。有"国立中央图书馆收藏""毛扆之印""斧季""永嘉蔡昭祖宗文之印""蔡氏图书子子孙孙永宝""在在处处有神物

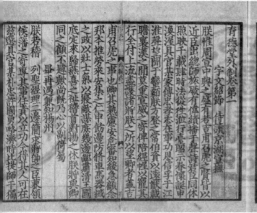

蔡幼学著《育德堂外制》(宋嘉定刻本)

护持""永嘉蔡氏文懿世家""与清堂""毛扆""毛扆字、斧季别号省庵""叔郑后人""中吴毛斧季图书记""芹圃收藏"等印，列入当时图书馆善本书目，现藏于台湾省图书馆。

嘉定六年癸酉（1213年）　　六十岁

【时事】

六月，西夏兵攻克金国保安州和庆阳府。

八月，金国政变。

十月，蒙古攻克金国中都。两浙诸州大水。

【事迹】

一月，有诏侍从、台谏、两省官、帅守、监司各举实才二三人。上《应诏荐实才状》，荐举知台州仙居县主管劝农公事董履道、知处州丽水县主管劝农公事王瀹、温州州学教授徐凤。

△《应诏荐实才状》："宣教郎、知台州仙居县主管劝农公事董履道，性资淳实，识趣高明。处事和平，而临几有守。由贤关第，安于平进。昨任吉州法曹，前后郡守皆知其才，资以自助。苟郡政未平，必为辨析利害，从容论执，不为诡随，多所裨益。今治仙居，日月未久，而邑事修举，民情便安。""奉议郎、知处州丽水县主管劝农公事王瀹，乃乾道名臣、太子詹事十朋之孙，赋质冲易，克守家法。居常不自炫露，而当官临事，操守可观，顺理而行，不以势夺。治县两岁，究心抚字，惟恐一毫有扰于民，括苍士大夫皆称道之。""迪功郎、温州州学教授徐凤，开敏修伤，博习群书。登科且二十年，仅书三

考，而嗜学不倦，文采过人。为郡文学，能革去宿弊，专意教育。尝应词学科，其文出于流辈，已为主司称赏，独以用字有疑，不果与选。"（《奏议》卷五）

按：董履道（生卒不详），浙江永嘉人。绍熙四年（1193年）进士。嘉定五年（1212年）任仙居知县。建爱山堂，又取陶潜"是中有真趣"之句，建真趣亭于安乐堂东。七年（1214年），差监闻鼓。十一年（1218年）以承议郎通判漳州。

王瀹（1165—1217年），号梅峰，浙江乐清人。王十朋之孙，王闻诗之子。从叶适学，初授宣教郎，官终兴化通判。叶适有《送王通判》诗，又有《王通判挽诗》，薛师石有《送王倅之兴化》。

徐凤（1177—1224年），字子仪，浦城人。庆元二年（1196年）进士，授漳浦县主簿。开禧元年（1205年）再登博学宏词科，以直显谟阁赣州知州致仕。曾除温州教授。真德秀有《秘书直学士徐公墓志铭》。

二月，以大中大夫、龙图阁待制知福州，初七到任。（《淳熙三山志》卷第二二《秩官类三·郡守》）

三月初五日，孙蔡在出生。（莘塍《蔡氏宗谱》）

按：蔡在（1213—1253年），字子敬，又字绍老。嘉熙二年（1238年）进士。除从政郎、监行在省仓上界门。

上《福建诸司乞采录杜东状》，荐举邵武军杜东。

△《福建诸司乞采录杜东状》曰："国家以文法取人，士以科目进身，有司不敢过越于寻常之外，以求天下之材。布衣

韦带之士，虽有真材异能，舍此无以自见，老死岩穴，盖有之
矣。……杜东，习于儒学，夙有奇名，博闻强识，能诗与文。
平居似不能言者，至于论说古今，商榷成败，贯穿驰骋，皆出
人意表。下笔顷刻辄数千百言，要其至到，盖得于天。而又性
行纯笃，志向伟特，好仁乐义，出于诚实，居家孝友，外无间
言。……东蚤与乡举，最后免解，凡四试礼部，得而复失者
再，人皆为之惜。……命以一官，或令径赴嘉定七年（1214
年）正奏名殿试……"（《奏议》卷五）

按：杜东（生卒不详），字晦之，号月渚，福建邵武人。
经行之荐举后，参加宁宗嘉定七年（1214年）会试，同三弟
杜耒齐登进士。二弟杜杲，为抗蒙名将。兄弟三人词翰皆有
名。遗词有《喜迁莺·寿杨韩州（正月初五）》一首。

六月，上《福州便民三事状》，建议：蠲免浮盐，按照淳
熙十二年（1185年）、绍熙四年（1177年）之制招试诸军子
弟，每二月一次并纲起发经总制钱。

△《福州便民三事状》："本州财赋名额，有产盐钱，有浮
盐钱。本路下四州军出卖官盐，其随人户产钱高下均卖者谓之
产盐，其不因产钱而卖者谓之浮盐。欲望降指挥，令转运、提
举司讨论上项浮盐钱本末利害，公共相度，仍行下下四州军，
各以收支浮盐钱数目申转运司参酌。虽未可尽行蠲免，若就所
科浮盐，特与减免斤数，亦可以少宽民力。……本路每岁春秋
以禁军阙额招试诸军子弟，厢禁军并许以本身名额，令子弟代
充，止是量试斗力，即行补刺。欲望申严淳熙十二年（1185

年）正月十九日并绍熙四年（1193年）十一月十二日指挥，行下诸路州军，专一遵守。其禁军阙额，不许别行刺补，须候每岁春秋大校日，集诸军子弟拍试弓力及一石二斗以上，弩力及三石九斗以上者，就教场内即与从上据阙刺填。各具所刺人数并试到斗力，申安抚司照会。……本州经总制钱，以嘉定五年（1212年）计之，为三十二万余缗。系分十二月，每月起发一纲。欲望特降指挥，许令本州经总制钱，每两月一次并纲起发。如月内有合起上供纲，却将经总纲同上供纲差使臣押发。"（《奏议》卷五）

八月，长兄蔡幼度卒。（莘塍《蔡氏宗谱》）

按：蔡幼度（1132—1213年），字容之，瑞安莘塍人。曾发起创建莘塍桥。又据明嘉靖《瑞安县志》卷二之七二称："董田埭，在董田，旧埭距江太近，里人蔡幼度移筑距城东十五里。"

是年，兼福建路安抚使，政主宽大，唯恐伤民，在其治下，福州"治居天下最"。

△《宋史》本传："除龙图阁待制、知泉州，徙建康府、福州，进福建路安抚使。政主宽大，惟恐伤民。福建下州，例抑民买盐，以户产高下均卖者曰产盐，以交易契纸钱科敷者曰浮盐，皆出常赋外，久之遂为定赋。幼学力请蠲之，不报。提举司令民以田高下藏新会子，不如令者籍其赀。幼学曰：'罔民而可，吾忍之乎！惟有去而已。'因言钱币未均，秤提无术，力求罢去。"

△《福建通志》卷二九《名臣一》："嘉定间,（蔡行之）知福州,兼本路安抚使。政尚宽大,州例抑民买盐,有产盐、浮盐名色,皆出常赋之外。幼学力请蠲,不报。提举司令民以田高下藏新防子,不如令者籍其赀。幼学曰：'罔民而可,吾忍之乎',力求罢去。"

是年,起居舍人真德秀上书言事,曰："蔡幼学以词臣论事去,邹应龙、许奕又继以封驳论事去。"建议宁宗："勤访问,广谋议,明黜陟。"（《宋史》卷四三七真德秀本传）

是年,三子蔡策恩补承事郎,官福州怀安丞。（莘塍《蔡氏宗谱》）

嘉定七年甲戌（1214年）　六十一岁

【时事】

正月，攻金国秦州，败还。

二月，黎州青羌卜笼十二骨来降。

三月，金主请求与蒙古和议。

八月，金遣使索取岁币。复建宗学。

十二月，蒙古大败金兵。

【事迹】

续福州知州兼福建路安抚使。（《淳熙三山志》卷二二《秩官类三·郡守》）

△《墓志铭》："知建宁府、福州。宽而不犯，肃而不残，治居天下最。提刑喜声威，不以狱市还州县，客谓公：'名盛体峻，何得许？'公笑曰：'此小节耳，不足校也。'命吏报应，无夫期会。民恃公少安。提举使民以田高下藏新会子，按不如令者没入其赀。公骇曰：'此大害也。昔吾在朝，论从民便尔。'不许，第多其兑易而已。民赖公获免。然提举善士也。后知其误，卒皆已之。"

七月，初识陈耆卿。（陈耆卿《上蔡侍郎书》）

按：陈耆卿《上蔡侍郎书》："晚窃末第，邂逅入觐，始得俯伏道左，以吐所怀。"又据《南宋馆阁续录》卷九载："陈耆卿字寿老，台州临海人，嘉定七年袁甫榜进士出身，治《书》。"《续宋中兴编年资治通鉴》卷十四："嘉定七年（1214年）五月乙酉，亲试举人，赐袁甫等五百四人及第、出身，有差。"可知陈耆卿于嘉定七年（1214年）五月方中第，在入朝时邂逅蔡幼学。

八月，应饶州知州史应之之请，撰《饶州新筑城记》。（《全宋文》卷六五八一）

约是年，刊印《止斋文集》五十卷。

△孙诒让《止斋集跋》："《止斋文集》凡二本：一本五十二卷，即曹文肃公器远所编，嘉定壬申（1212年）温州教授徐凤刊于永嘉郡斋者也；一本三山本五十卷，据《荆溪林下偶谈》，盖蔡文懿公幼学所刊。嘉定元年（1208年），文懿为止斋行状，称公有《制诰集》五卷，集三十卷，无所谓五十卷之集，是蔡刻必在作行状之后之证。文肃此集后叙作于嘉定四年（1211年），称徐博士与前史部侍郎更加订定，是曹编亦经蔡订，而绝不云蔡由刊本，是蔡刻在文肃作叙后之证。窃谓三山一刻，当在文懿由知建宁府改知福州，就进安抚使时。其年月虽不可考，以曹叙及《宋史》本传参互校覆，盖在嘉定四年（1211年）之后，十年（1217年）召权工部尚书之前也。然则，蔡刻距徐刻不过二三年尔。"（《陈傅良先生文集》附录三）

按：《直斋书录解题》卷十八云："《止斋集》中书舍人永嘉陈傅良撰，三山本，五十卷。"又韩淲《陈君举舍人集新刊三山因读其诗有感》，云："陈止斋诗不草草，约貌前头诸旧老。大章短句可思议，妙意余情愁绝倒。生姜门有水心道，赤水亭占龙窟好。伯牙无弦骥伏早，摹拓剩残人或葆。"（《涧泉集》卷六）可足证，当时确有三山刊本《止斋文集》刊行。

是年，季子蔡范恩补从政郎，调常州犇牛镇，辟差建康府监镇淮西酒库。（陈昉《蔡范行状》）

是年，族侄蔡任在平阳建叶岭书房，叶适有《叶岭书房记》，赵汝谠有《题蔡令叶岭书房》。（民国《平阳县志》卷五三）

嘉定八年乙亥（1215年）　　六十二岁

【时事】

五月，蒙古攻破燕京。

七月，金遣使向蒙古求和。

九月，申严两浙围田之禁。

是秋，蒙古取金城邑凡八百六十有二。

是年，两浙、江东西大旱，蝗灾。

【事迹】

续福州知州兼福建安抚使。（《淳熙三山志》卷二二《秩官类三·郡守》）

四月，朝廷诏中外臣民直言时政得失，上《应诏言事状》，建言四条："合贤才，详咨访，广宽宥，革苛刻。"

△《应诏言事状》曰："充翕受之量，广旁招之门。苟其人果贤，勿以形似而致疑；苟其人果有用，勿以浮言而轻弃。举直错枉，厉以风节；记劳忘过，期以功名。用天下之实材，以兴天下之善治。……咨之大臣，稽于众论，外攘之烈，固难轻言，而内修之常，不容少怠。何以壮国势，何以起人心，何以基中兴之功，何以弭方来之变，讲画有序，设施有方。协天下之公言，以定天下之大计。……推行大需，宁过于宽。应州县小官流放未复者，酌其轻重，早俾得归。申饬攸司，务行中

典，苟非大咎，勿施重刑。循祖宗之旧章，以全忠厚之美。……益思永图，深念根本，严戒监司郡守，专以宽恕为先。其刻薄诛求，尝为民害者，悉从废斥，勿俾临民。凡因事估籍之家，亟令州郡，不以多寡，尽行给还，其或稽违，必罚无赦。笃祖宗之仁政，以培长久之基。"（《奏议》卷五）

十一月，岳母黄氏殁，将与岳丈郑伯英合葬，致书叶适，延请作《郑景元墓志铭》。

△叶适《郑景元墓志铭》，略曰："景元没二十三年，夫人黄氏卒，既合葬。时行之以龙图阁待制知福州，书来曰：郑公远矣！宜于此乎铭。嘉定八年（1215年）十一月。"（《叶适集·水心文集》卷二一）

是年，刊印郑伯英《归愚集》，叶适有《归愚翁文集序》。（《叶适集·水心文集》卷一二）

△《荆溪林下偶谈》卷四："景元亦不屑求用，晚自号归愚翁，有《归愚集》。其婿蔡行之帅闽，为之锓版三山。"

△《直斋书录解题》卷一八："《归愚翁集》二十六卷，秀州郑伯英景元撰。"

十二月二十七日，除宝谟阁直学士，提举玉隆万寿宫。（《淳熙三山志》卷二二《秩官类三·郡守》）

是年，侄蔡简以明经恩补官，初授迪功郎、泉州司户参军。（赵与悊《主台州崇道观知南剑州蔡公简行状》）

嘉定九年丙子（1216年）　六十三岁

【时事】

正月，命诸州置马军司水军。

十二月，蒙古攻金大名府、太平原府。

是年，耶斯布在澄州称帝，国号为"辽"。

【事迹】

正月，陈耆卿有《上蔡侍郎书》。

△陈耆卿《上蔡侍郎书》："耆卿儿童时即知阁下以光明瑰玮之文，雷霆六合，其咳唾珠璧，朝落京师，而暮传岭海。以视汉贾洛阳，未知其孰后孰先也。已而阁下位日尊，名日高，而人之歆艳慕用者，望而难即，盖所以屹然砥柱于一世者，德业行义动皆范模。而耆卿向日之所闻者，特其文尔。夫古之文，非缀辑缔绘之谓也。必有根株，酝酿丰硕，而后葩藻，蔚然随之，使徒以糟粕眩世，而索之则穷，摧之则败，此流俗之文，而非阁下所贵也。阁下正而非固，和而不流，其未更化也，未尝见其少贬于宵人之党也；其既更化也，又未尝见其苟同于君子之徒也。进而从橐，退而帅阃，又退而祠庭，卷舒阖辟，如机之旋，而未尝有几微见于颜面。虽使小人之巧于忌嫉排摈者，欲摘其白璧之瑕，以肆其毒，而卒无间可入焉。"（《篔窗集》卷五）

是年，长子蔡籥调任台州仙居丞。（林彬之《蔡籥行状》）

嘉定十年丁丑（1217年）　六十四岁

【时事】

四月，金人犯光州、樊城；围枣阳、光化军。山东红袄军又大盛。

六月，诏讨伐金国。至是，宋金连年构兵。

【事迹】

二月，二上《再召入对札子》，奉圣旨依。

△《再召入对札子一》曰："治道之先务，莫切于进人才。用之适其宜，养之尽其道，则贤能登任，人心慕劝，而得人之效日章，帝王之盛未有不由此。周文王之兴，常事司牧，无非俊有德矣，而作人之规，方期于誉髦而无斁。至于成王得贤，以基太平，诗人咏歌之，而周公作《立政》，召公作《卷阿》之诗，于吉士常人深致意焉。然则为天下者，岂容一日不以人才为念乎？仰惟陛下虚心无我，推诚以任人，更化以来，所以招徕俊乂，与图事功，亦云至矣。而治效之所臻，犹有未能如圣志者。自内而言，则纪纲未尽举，而每患乎私意之或萌；政事未尽修，而每患乎积弊之难革。自外而言，则民力未宽，而州县以苛急相尚；敌衅难测，而边境以苟且相安。岂非庶官之任，犹未必皆得其人欤？夫以陛下圣德，群臣协忠，而

合天下之才，以经理天下，进退用舍，无毫厘之或偏，则长久之基可培，未形之患可弭。此其转移感化之究机，特在陛下与二三大臣而已。人之才品不可一律齐，其取之也必广，其任之也必当。明达静审者进，则可以平国论、酌事几；公清修洁者显，则可以革官邪、善风俗；忠谠鲠亮者容，则可以通下情、厉名节；慈祥宽厚者用，则可以苏民瘼、宣德意。一善可称，一能可录者，兼收而器使之，则皆可以随事而有成。苟其扬历已多，声望已著，则虽有小累，不使遐遗；更练□□，□□未彰，则虽有小长，不使骤进。上之趋向既定，则下之志意自孚。已成之才莫不兴起鼓舞，以为上之用；未成之才莫不激昂砥砺，以待上之求。则何职之不修，何事之不集，人主可以恭己无为，而坐享得人之效矣。臣不胜大愿，愿陛下思治几之无穷，念人才之最急，不以贤能之已用为足，而汲汲于未用者之求，崇奖采拔，不拘于一偏。萃天下之人物，协异以为同，使之一心并力，以兴内外之治。则济济多士、蔼蔼吉人之盛，视成周而无愧。"

△《再召入对札子二》曰："臣闻善为天下者，必先审乎安危之机；机之既审，而又有以易苟安之俗，则常安之势可保矣。强敌既衰，中原纷扰，我国家万全之算诚不可轻；而壤地相连，变故相激，在彼之势未定，则在我者自不能以独安。流民之无归，群盗之奔逸，敌党之迸散，既不得安于北，则必转而南来。如其头项稍多，则其势将有不可止者。以边面数千里之广，一处有警，则群心易摇，事端一开，则后患难遏，是固

不容不以为虑也。抑又有大于此者，迟之数岁，残敌或不能以自支，则中原之势，不分为二三，必且合而为一。分为二三，则我之所备者多，而不胜其应；合而为一，则彼之所挟者重，而应之为尤难。苟徒幸目前之安，而不察乎危机之所伏，先备之不素修，大势之不素振，则他日之可虑，岂特一胜负之间哉！故审安危之机，诚今日之所当先者。然而本朝立国之规主于安静，而士大夫之俗，未免流于苟且。积习既久，人情益偷，虽任干城御侮之责者，亦往往便文自营，而无奋励驱驰之志。苟非上之人有以作而起之，则其志向不齐，其气势难合。预防之策多废于因循，临机之应易失于萎靡，其患抑有不胜言者。然则机之虽审，而苟且之习未革，则常安之势亦胡可保乎！臣来自远外，未获知朝廷备边之详。窃观数年以来，久帅阃之任，重守贰之除，近复妙选常伯重臣，以统临方面。则天下之大机，圣心固已熟虑，凡所以备不虞者，必已次第举矣。臣区区过虑，犹恐朝廷之意未尽乎于群下，则积习之俗未易变，而强安之效未可期。伏望陛下与二三大臣深计力行，求所以起人心而振国势者。欲处边事，则咨访不可以不广；欲重边寄，则选任不可以不精。国论既定，所任得人，则凡经理之方、备御之画，悉俾讲究，条列以闻于朝，审其可否，而后行之。责以务实，而革其诞谩；责以尽情，而防其隐蔽。使受任于外者，皆知输忠竭力，以为国家，成坚强不拔之势。则虏之分合虽无定形，而我固有以待之矣。故易苟安之俗，以保常安之势，此今日所当汲汲而图之者也。"（《奏议》卷五）

朝廷诏举将才，上《应诏荐边郡将帅状》，荐举知福州闽县事李大有、侍卫马军行司选锋军统制陈世雄。

△《应诏荐边郡将帅状》曰："宣教郎、知福州闽县事李大有，性质沉毅，识度通明。到官之初，适值财计窘乏，而能检防隐弊，见源流，两月之间，遂有条理。裁决民讼，必审其宜。行及两年，邑事修举。""武功大夫、侍卫马军行司选锋军统制陈世雄，胆略过人，慷慨自奋。初以敢死强勇，用命边方，其策应楚州，收捕胡海，怀忠竭力，屡著功劳，军中皆推其能。"(《奏议》卷六)

按：李大有，字谦仲，浙江东阳人。登庆元二年（1196年）进士第。嘉定二年（1208年），提举福建路市舶。后通判通州，农月苦旱相地，鏊狼山麓，引江水溉田，岁以大稔。摄郡事，吏白事，持例金，却之。言："有例可送，无法可受。"嘉定十五年（1222年），主管官告院，后改太常寺主簿，迁博士，卒于官。《两浙名贤录》卷二七有传。

陈世雄，生平未详。

三月，权兵部尚书，兼修《玉牒》官，兼太子詹事。(《宋会要辑稿·职官》七之四六)

△《宋史》本传："召权兵部尚书，兼修玉牒官，寻兼太子詹事。"

△《墓志铭》："嘉定十年（1217年），召权兵部尚书，修玉牒，兼太子詹事。"

上《受权兵部尚书告奏举自代状》，荐举荆湖南路转运判官张斗南。

△《受权兵部尚书告奏举自代状》："朝议大夫、荆湖南路转运判官张斗南，性资鲠亮，识度恢洪。扬历已多，安恬有守。远将使指，见□淹回。"（《奏议》卷六）

按：张斗南（生卒不详），字唐英，号钓浦，福建罗源人。淳熙二年（1175年）进士。方直有守，恬于进取。初有位于朝，未几丐外。闲居十年，无一字达权门。韩侂胄当权，干请之士兵旁午其门，往来书尺装成卷帧，后侂胄被诛，其家所存翰墨有名者皆遭谴斥，独斗南无与，士论高之。嘉定四年（1211年），官兵部郎中。

上《上东宫札子》，言："进学之道，曰明与刚。明所以穷天下之理，刚所以全一心之明。……惟能内省诸心，充其明而大之，则邪正是非，可以洞然于胸中矣。……刚德不立，则明有时而或蔽……故明先于内省，刚先于自强。惟至明斯能刚，惟至刚斯足以全其明。"（《奏议》卷六）

五月，金国意图侵犯境土，三上《请对札子》，坚决建言备兵抵抗，又建议："固本根以弭外虞，示意向以晓众志。公汲引而材谋奋，审怀附而南北亲。"

△《宋史》本传："先是，朝廷既遣岁币入金境，适值其有难，不果纳，则遽以兵叩边索之。中外汹汹，皆言当亟与。幼学请对，言：'玉帛之使未还，而侵轶之师奄至，且肆其侮慢，形之文辞，天怒人愤，可不伸大义以破其谋乎！'于是朝论奋然，始诏与金绝。幼学因请'固本根以弭外虞，示意向以

定众志，公汲引以合材谋，审怀附以一南北。'帝称善。"

△《墓志铭》："初，我币已入，值房有难，不暇受。稍定，则以兵扣边索，中外恫惧。无不言当亟与。公为尚书，即日请对，明其不然，始诏与房绝。因请'固本根以弭外虞，示意向以晓众志。公汲引而材谋奋，审怀附而南北亲。'条序简捷，士皆惊诵，谓何勇之决也！上方倚以经度西北。"

△《请对札子一》曰："务在兼容，不绝其好，戒约边吏，毋开衅阶，所以待敌者亦可谓曲尽矣。而敌反恣其暴，谓中国为无人。玉帛之使未还，而侵轶之师奄至，肆为慢侮，形于文辞。驱饥流之民，数路并入，以侥幸万一之得志。违义逞兵，天怒人愤，则明中国之大义，以破残敌之狂谋，岂非今日所当急乎？……广招徕，详咨访，以协搢绅之谋；考功罪，明黜陟，以作将士之气。训练土兵，奖其首领，怀以恩信，责之捍御，以固边民之心。彼敌人诈谋之深未易轻料，尝试于西者或所以用意于东，引却于先者或所以求胜于后。必使分阃寄者朝夕筹虑，预为之防，无或苟且。先为不可胜，而勿邀近功，则残敌将不足虑矣。"

△《请对札子二》曰："念邦本之至重，矜民生之多艰，责监司以察州，责郡守以恤县，必使推广德意，以达之于民。郡有财计不足者，精择守臣，究其本末，经理撙节，期于渐宽。县有赋入不充者，委之守令，通其有无，协心区处，不得重为民病。科折抑罚之苛，一切罢去；苞苴互送之禁，断在必行。凡监司守令有贪污苛刻、害及于民者，废之遣之，勿使幸

免。官邪少革，则民瘼可以浸瘳；民瘼少瘳，则邦本可以永固。"

△《请对札子三》曰："旌前功而期后效也……今兵事方起，固当力革前弊，以兴起人心……今后沿边将士战守有劳，合从制置等司保明闻奏者，并量立日限，必令如期来上。其省部行遣，亦立近限，毋得稽违。庶几稍合古人赏不逾时之义。应开禧及嘉定初年诸军赏典，或有尚为有司沮格、因循稽缓者，并从朝廷检举，即与施行。其于军政，不为无补。"（《奏议》卷六）

上《纳庙堂札子》。

△《纳庙堂札子》曰："值敌运之衰，每务镇之以静；而虏乃复出肆暴，始不得已而应之。辞正义明，固天人所共助，而制宜应变，动关利害，尤不可轻。……今日之事，当先定规模。规模非难定也。选将练兵，储粮备器，凡所以备边之计极其周详，虽小小胜负，不以易吾之定论。至于大义日振，事力日充，则战守伸缩，制之在我，彼残敌不足虑也。……朝廷立事，当使天下晓然知意向之所存。方边隙未开，天下固知国论之主于安静；今兵衅既动，事势顿殊，必使朝廷之规模有以昭白于下，边境之利害得以剖露于上，则上下向应，内外贯通，而后有日著之功。……天之生材，自可周一世之用。今备边之秋，须材尤急，诚宜恢博大之量，广汲引之公。凡识虑之可咨，材器之可任，胆略之可使，技能之可收者，咸使各效其长，随宜授任。……区处边事，必参酌利害，而不可泥一人之

说。今虏既已自绝于我，则沿边事体迥与前日不同。有如其人，以杀致怨，无复来心，则诚不可招之以纳侮。若其托名求附，而设诈怀奸，欲行其计，则又不可纳之以生患。傥或敌困已极，其众益离，而中原赤子或有真欲内属，则尤不可一切拒绝之，以重其怨。莫若令诸路制置、安抚等司体访边情，斟量事势，权利害之轻重，而为之图。"（《奏议》卷六）

是月，侄蔡赟、门人李元白俱举进士。（《宋元学案》卷七六小传）

按：据莘塍《蔡氏宗谱》，蔡赟（生卒不详），瑞安莘塍人。幼诗之子。嘉定十年（1217年）进士。官至黄岩知县。李元白（生卒不详），庆元府奉化人，徙居鄞县。字景平，一作希太，号三江。嘉定十年（1217年）进士。受学于行之，传其经制之学，后从舒璘学，精于《诗》《礼》。累官国子博士。尝论荒政赈恤，极有条理。事见《宋元学案》卷七六《广平定川学案》。

六月，有疾。（《墓志铭》）

陈求己延请撰写《陈武圹志》，因病重，未就。（民国《瑞安县志稿·金石门》卷五六）

七月二日，病逝。（《墓志铭》）

赠银青光禄大夫，谥文懿。

△《宋会要辑稿·礼》五八："正议大夫、权兵部尚书、赠银青光禄大夫蔡幼学，谥文懿。"

△《蔡氏宗谱》："赠少师，赐育德堂，谥文懿，德全才秀

曰文，履正志和曰懿。"

△《行状》："爵瑞安县开国伯，食邑七百户，谥文懿。累任少师。帝钦赐其居，曰：'育德堂'，即在郡城庆善里也。"

八月，林士谦撰《行状》。（温州龙湾状元《蔡氏宗谱》）

叶适有《挽词》二首，戴栩有《挽词》二首。

叶适《蔡尚书挽词》："总角都鳌头，老生甘伏膺。白首参豹尾，后出夸先登。东流看到海，北风忽成冰。茫茫落檐花，穷巷犹短檠。""拨沙得黄金，百炼泻光影。飞行日月上，莹彻肝胆醒。空山惨马鬣，何意重为矿！余哀不浪施，留寄长夜炯。"（《叶适集·水心文集》卷七）

戴栩《蔡尚书挽词》："又报文昌坼，耆儒去玉除。经纶与世密，趋和与时疏。闽地祠常衮，词臣说仲舒。香名五十载，终竟道如初。""廊庙平戎策，诗书谕善箴。十年才一召，未昃忽先阴。史局收遗稿，宫寮出赐金。门生私恸处，即是万人心。"（《浣川集》卷一）

蔡幼学待考著述

《春秋解》（《行状》）

《经义考》一百八十四卷（《蔡氏宗谱》）

《育德堂集》五十卷（《宋史·艺文志》七）

《文懿公集》（万历《温州府志》十七）

《西垣集》（万历《温州府志》十七）

《育德堂外制》五卷（《行状》）

《育德堂奏议》六卷（《行状》）

按：《育德堂奏议》六卷，蔡幼学撰。宋刻本。框高二十二点九厘米，广十五点六厘米；半叶九行，行十八字；白口，左右双边。有"永嘉蔡昭祖宗父印""毛宸之印""蔡氏图书子子孙孙宝用""永嘉蔡氏文懿世家""与清堂""毛斧季收藏印""汲古阁世宝""叔郑后人"等印记，列于《第一批国家珍贵古籍名录》，现藏中国国家图书馆。又《宋史·艺文志》著录行之《育德堂集》五十卷，明焦竑《国史经籍志》著录《蔡幼学内制集》三卷、《外制集》八卷。唯《育德堂奏议》六卷不见著录，是否已揽入《育德堂集》，不得其详。此书辑集行之奏议、书札六十七篇，论事起宋孝宗淳熙十四年（1187

年），迄宁宗嘉定十年（1217年），无序跋，版式、行款与台湾省图书馆馆藏《育德堂外制》全同，所钤藏印章亦大部分相同，显然原来为一家之书而分藏于两地者。刻工可辨者有江正、共生、江德、余生、赖正、叶仁、陈之、刘甫、刘生明等，《中国版刻图录》云"此书刻工刘生、余士，又刻建安书院本《周易玩辞》"，故此推定为建宁府刻本。

又据：程大昌撰《程氏演繁露》十六卷续录六卷，明姚咨写本，书后有何焯之弟仲子所记《跋》，称：康熙中，李秉诚《外制》（共五卷）、《奏议》（共八卷）全本。（《藏园群书经眼录》第三册卷九，中华书局，1983年，740页）不知康熙朝尚存八卷本与今藏台北六卷本有何关系？

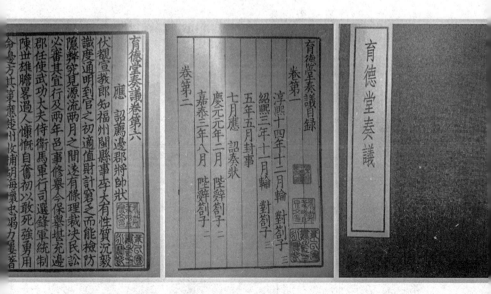

蔡幼学著《育德堂奏议》（宋嘉定刊本）

谱　后

嘉定十一年戊寅（1218年）

四月十八日，葬于永嘉吹台乡洋岙山，叶适有祭文。（《墓志铭》）

△叶适《祭蔡尚书行之文》："乾道初元，始变时文；公尚总角，舍庞趋醇。机杼自生，笔墨为春；太学南宫，遍魁等伦。答策忠愤，直词大振；名传外夷，气盖先民。赐第而归，犹未冠绅；甘节忘卑，乐志忘贫。疏食朗诵，八音递陈；岁莫日斜，几就隐沦。曾不介意，形于叹謇；孔子所贤，匪直也人。平居寡言，莫能疏亲；及见于用，黑白洞分。政和以安，布在全闽；有论有执，西垣北门。夏卿筹边，绝不与邻；众方愕眙，公何恂

蔡幼学墓手绘［清宣统二年（1910年）］

恤！不贵其难，而贵其仁。既进赵璧，朝服九宾；燕尔玄酒，公尸之熏。世故迁流，多否常屯；每辄中道，濡尾曳轮。送公长亭，柳色骤新；秋风未落，逝莫我闻。垂老丧朋，将死离群；海覆河翻，永矢斯樽。"（《叶适集·水心文集》卷二八）

嘉定十二年己卯（1219年）

六月，叶适撰《墓志铭》。（《叶适集·水心文集》卷二三）

淳祐四年甲辰（1244年）

蔡篙在莘塍安国寺创建文懿祠。（林彬之《蔡篙行状》）

明嘉靖三十一年（1552年）

浙江省瑞安市莘塍街道蔡文懿祠（2022年2月蔡建设摄）

是年，瑞安知县刘畿改建蔡文懿祠。

△嘉靖《瑞安县志》卷五："蔡文懿公祠，在清泉乡新城，旧祀于安国寺内，嘉靖壬子邑令刘畿改建于此。"

民国十八年（1929年）

8月，"黄群为《育德堂外制》作跋，稍后，收入"敬乡楼丛书"第二辑印行。

民国十九年庚午（1930年）

正月，影宋《育德堂外制》钞本（现藏南京图书馆），景

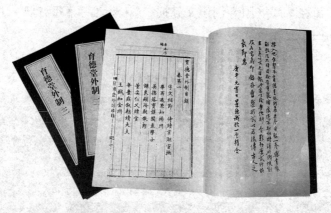

蔡幼学著《育德堂外制》（民国影宋钞本）

德有题跋，云："《温州经籍志》载：'《外制集》八卷，佚，《内制集》三卷。'案蔡文懿内外制久已失传，《宋宰辅编年录》载嘉定元年（1208年）《赵汝愚追复观文殿大学士》及嘉定二年（1209年）《史弥远起复拜右丞相兼枢密使》两制，盖从《外制集》采入也。宋椠本《育德堂外制集》五卷，目录一卷，与《书录解题》系不同。目录后原有裂补痕迹，不知何时

得此残帙，割去五卷以下之目录。此宋以后无他刻。今影钞原式行格及各家藏印，录存旧椠形式，以为流传古人之气节焉。庚午元宵日　景德识于一云精舍。"

1987年

4月，《育德堂奏议》由中华书局据北京图书馆（今中国国家图书馆）馆藏宋刻本原大影印，线装一函三册，古逸丛书三编之二八，印数三百套。丁瑜有《影印宋本〈育德堂奏议〉说明》，称："《育德堂奏议》《育德堂外制》二书实为宋时蔡氏家塾自藏本，视一般宋本尤足珍贵。民国初，《奏议》为军阀张怀芝所有，以后踪迹隐晦。至一九五六年始重显于世，由北京图书馆自修绠堂购得。《外制》则辗转为台湾省图书馆所藏。……深望台湾所藏《外制》亦能影印传播，使七百年来之孤行秘籍化身千百，俪行于世，为学术研究提供罕见之文献资料。"

2002年

4月，《育德堂外制》收入于《续修四库全书》第1319册，由上海古籍出版社印行。

2003年

6月，《育德堂奏议》被纳入第一期"中华再造善本工程"，由北京图书馆出版社（今国家图书馆出版社）据中国国家图书馆馆藏宋刻本影印，线装一函六册，印数五百套。

2019年

1月21日，蔡幼学纪念馆在浙江省瑞安市莘塍街道落成，并开放。

2021年

12月,《育德堂奏议》《育德堂外制》编入"浙江文化研究工程成果文库·永嘉学派丛书",由浙江古籍出版社出版。

2023年

4月,《蔡幼学集》由中州古籍出版社出版。

附录

历代学者对蔡幼学评论考略

一、宋代

真德秀论蔡幼学

（蔡节）诗礼得诸家庭，父子自为师友。关河既远，永嘉最号真传。乾淳以来，文懿见称巨擘。（真德秀《答蔡宰启》，《西山文集》卷三九，四库全书）

洪咨夔论蔡幼学

（蔡范）名儒之胄，良吏之表。（洪咨夔《大宗正蔡范除户部郎中淮西总领制》，《平斋文集》卷一六，四库全书）

刘克庄论蔡幼学

鲠论传文懿，麟编法止斋。（刘克庄《挽蔡遵府阁学》，《刘克庄集笺校》卷二三）

祝穆记蔡幼学

人物：陈傅良，字君举，号止斋；蔡幼学，为南省魁；叶适，字正则，号水心。（《方舆胜览》卷九）

二、元代

苏正爵论蔡幼学

南渡之初，一二大贤既以其学作新，其徒吕成公在婺学者亦盛。同时，有声者有若薛（季宣）、郑（伯熊）之深淳，陈（傅良）、蔡（行之）之富胆，叶正则之好奇，陈同父之尚气，亦各能自名家，皆有文以表见于世。（苏正爵《柳待制文集叙》，柳贯《柳待制文集》，商务印书馆）。

三、明代

陶宗仪论蔡幼学

……蔡幼学，字行之，温州瑞安人，官至中书舍人。刘敞，字贡父，临江新喻人，官至中书舍人。右自晏殊至此，并擅毫翰，其迹杂见《群玉堂法帖》中。按：《帖》凡十卷，原系安边所申发朝廷以著。庭东廊为库，架设之榜曰"群玉石刻"，著作佐郎傅行简书。嘉定元年（1208年）三月，秘书少监汪逮改建室屋以藏，名曰"群玉堂"。（陶宗仪《书史会要》卷六）

黄淮论蔡幼学

宋尚书文懿公、侍郎文惠二公，立朝大节光明，俊伟表著。（黄淮《书斗山蔡先生墓铭后》，《黄文简公介庵集》卷五之二十九，敬乡楼丛刊）

叶正则之宏博，蔡行之不避权奸，薛士龙之明于料敌，其余诸贤更仆不能尽述。（黄淮《永嘉县志记》，万历《温州府志》卷一六《艺文》三之三三）

陈绍论蔡幼学

端卿公生尚书幼学公，乾道间徙永嘉庆善里，殿元筲公、侍郎范公、学士感公相继擢高第，载在郡志，卓卓可称，嗣后宦游历历可纪。（陈绍莘滕《蔡氏宗谱·序》）

章纶论蔡幼学

若吾郡……戴述、张辉、张阐、陈鹏飞、王十朋、徐履、木待问、薛叔似、蔡幼学、叶适，以至李孝光、孔克表、黄淮诸先生，皆得学术之醇，以诗文而本乎道。（章纶《序》，周旋《畏庵集》，敬乡楼刊丛）

李贤论蔡幼学

蔡幼学，瑞安人。乾道中进士，初欲置首选，以所对策切直，不果。历官校书郎，后直学士院，草制醇雅得体，累转宝谟阁，召权兵部尚书。卒谥文懿。幼学器质凝重，早以文鸣，所著有《编年政要》诸书百余篇。（李贤、彭时《大明一统志·温州府·人物》卷四八之一五）

林增志论蔡幼学

至宋之南（渡）五百年，有一文懿公，幼少掇巍科，宜跻显秩，又得必胜公为之兄，先后跻美连登文武巍科，虽其初时遭铄金，屡投闲散，而其后各跻显秩，一则以忠肝义胆、韬略鸿猷为盛朝之弁冕，一则以德行节义、理学文章为传道之渊源。武既超乎由雠颇牧，文又驾乎周程张朱，兰桂之秀，熏篪之雅，何足为二公荣哉。（林增志莘塍《蔡氏宗谱·序》）

四、清代

全祖望论蔡幼学

阁下于徐忠文公而下，牵连书蔡文懿公幼学、吕太府祖俭、项龙图安世、戴文端公溪皆为陆子弟子，则愚不能无疑焉。浙学于南宋为极盛，然自东莱卒后，则大愚守其兄之学为一家，叶

（适）、蔡（行之）宗止斋以绍薛、郑之学为一家，遂与同甫之学鼎立，皆左祖非朱，右祖非陆，而自为门庭者。故大愚《与朱子书》且有"江西学术，全无根柢"之言，而朱子非之。蔡行之曾见陆子，有问答，见《年谱》。然行之为郑监岳婿，少即从监岳之兄敷文讲学，而止斋乃敷文高弟，故行之复从止斋。今观行之所著书，大率在古人经制治术讲求，终其身固未尝名他师也。肖望亦为其乡里之学。（全祖望《奉临川先生帖子二》，《鲒埼亭集外编》卷四四）

刘治国论蔡幼学

安阳地处海隅，俗秉礼教，夙称东南邹鲁。文章理学代有闻人，而宋尤盛，如陈止斋、蔡文懿、叶水心、曹文肃诸君子，皆杰出君。于时溯源，则横塘先生实倡之。（刘治国《重修宋尚书右丞横塘许先生墓志》，《民国瑞安县志新修稿》卷二七《文献编·古迹门》之二一《敕葬右丞许景衡墓》，瑞安县修志委员会编印，1937年刊本）

刘寔甫论蔡幼学

予顷游胶庠，有同舍示一编书，曰：此止斋、水心之徒，以其师讲贯之素，发明我朝圣君贤相之心，所以措之事业，垂亿万年无疆之休者，其概可见也。（刘寔甫《类编皇朝大事记讲义序》，吕中《类编皇朝大事记讲义》，清二十三卷抄本，中国国家图书馆影印本）

孙衣言论蔡幼学

吾乡乾淳诸老，文词之美，冠乎浙河东、西。如忠简许公、文宪薛公、文节陈公、文懿蔡公，无不博极群书，又以科第仕宦，多见一时贤士大夫，故其所作，类皆瑰玮奇丽，抗乎古人。[孙衣言《雪蕉斋诗钞跋》，王德馨《雪蕉斋诗钞》，清光绪二十六年（1900年）刻本]

温节实传安定胡氏之学，所谓经义治事者也。文肃既归，授之乡之后进，于是文节、文宪二薛公，文节陈公，文懿蔡公，文定叶公，相继并起，皆守胡氏家法，务通经以致之用，所谓经制之学也。……今日之务以学术为急，尤以胡氏为切要，而永嘉之学实于胡氏为一家言。（孙衣言《瓯海轶闻·甲集自序》，上海社会科学院出版社，2005年）

吾乡南宋时，学者极盛，而当时科举之文亦推东瓯婺越乡先生中，如陈文节之《待遇集》、叶文定之《进卷》及《八面锋》《奥论》《论祖》等作，皆所谓场屋文字，一时谓之永嘉体文节，尤工省题。初以"春秋"应举，后以弟子蔡文懿"春秋"学大进，即改占诗赋，遂与文懿同时登第，师弟子雄视场屋，孙奕、叶绍翁、陈振孙辈皆喜言其事，三先生名臣巨儒，其它箸述绝出异甚，而于所谓时文乃亦致精如此。（孙衣言《永嘉先生时文序》，《逊学斋文钞》卷八，《孙衣言集》，刘雪平点校，浙江古籍出版社，2017年，508页）

孙锵鸣论蔡幼学

惟文懿公，早侍公诲。累十寒暑，无间雨晦。执德不回，视公进退。惟文肃公，手辑公文。厘别真伪，祛庞归淳。裒次成集，寓诸琬琰。俾开后学，勿有坠沦。以二公从，礼为义起。师弟一堂，其容几几。神之格思，蕉黄荔紫。振我儒风，自今以始。（孙锵鸣《陈文节公落成，蔡文懿公、曹文肃公从祀祝文》，《孙锵鸣集》154页）

瑞安蔡行之幼学，为止斋高弟，学行政事盖皆不愧其师。诗《田园》一首，冲和粹雅，置之《止斋集》中，亦不能辨也。（孙锵鸣《东嘉诗话》，清抄本，温州市图书馆数字文献库）

梁章钜论蔡幼学

（永嘉之学，周作于前而郑承于后，薛经其始，陈终其纬）隐括源流，叙述赅备，而独为温州府、县志所不采，今以士大夫盖鲜有知之者。自孙雨人学博始录于《永嘉闻见录》中，并以意列为谱系于后，开山第一人为周恭叔行己，再传三人，为郑景元伯英、郑景望伯熊、薛士龙季宣，三传四人，为陈君举傅良、叶（蔡）行之幼学、吕伯恭祖谦、叶正则适，可谓明辨晢矣。今府县所列人物，尚不能如此之有端绪也，故急表而出之。（梁章钜《浪迹续谈》卷二之二八三，陈铁民点校，中华书局，2007年）

叶嘉榆论蔡幼学

弱冠高名笑过师，安居敦穆简浮词。皇王伟论曾倾听，礼乐文章迥绝时。旧宅不闻中夜语，新塍空怅大星垂。可堪吾道终沦废，问字建阳蚤见推。（叶嘉榆《新城》，《箕林诗钞》，清钞本，温州市图书馆馆藏）

孙诒让论蔡幼学

蔡文懿《编年政要》诸书，据《通考》引《中兴艺文志》本以拟《纪》《表》《志》《传》，备一代之史。……文懿为止斋高弟，在乾淳间，其名几与止斋相埒。（孙诒让《温州经籍志》上册，潘猛补校补，上海社会科学院出版社，2005 年，261—262 页）

自宋乾道、淳熙间，胡少宾先生为止斋陈文节公学友，与叶正则、蔡行之诸先生相颉颃。华胄蝉联，千年无替。（孙诒让《胡芳谷夫妇六十寿序》，《籀庼遗文·辑校说明·作年无考》，中华书局，2013 年）

黄绍弟论蔡幼学

师生经赋两名魁，学术青蓝有自来。一卷春秋投帐顶，爱才不负吕东莱。

（黄绍第《蔡行之师生同榜》，《瑞安百咏》二十三，清末钞本，温州市图书馆）

林骏论蔡幼学

陈止斋、蔡行之皆一代名儒，或云蔡之学过于其师。［林骏《林骏日记》光绪二十八年（1902 年）九月廿六日，沈洪保整理，中华书局，2018 年，444 页］

五、近现代

商务印书馆董事长张元济论蔡幼学

《育德堂奏议》书太冷，恐难销。共有若干页数并尺寸乞开示。日后如汇印《续古逸丛书》，或可凑入。（《张元济傅增湘论书尺牍》）

历史学家、近代"蜀学"传人、经史大师蒙文通论蔡幼学

南渡吕祖谦、薛季宣、郑伯熊、陈傅良、蔡幼学、叶适、陈

亮各类名家，皆有文以表见于世。其为文也，本诸圣贤之经，考求汉唐之史，凡天文、地理，井田、兵制、郊庙之礼乐、朝廷之官仪，下至族姓、方技，莫不稽其沿袭，究其异同。此见浙东之文章本之经史，以义理、考证润饰辞翰其末流亦大率如此。（蒙文通《致刘翼谋先生书》，《中国历史文献研究集刊》第二集，中国历史文献研究会编，1981年）

藏书家黄群论蔡幼学

蔡氏（幼学）文望雄于一时，所著《春秋解》《国朝编年政要》……皆佚无传，则是书虽非全帙，弥足珍矣。（黄群《跋》，《育德堂外制》，敬乡楼刊丛，1929年）

著名永嘉学派研究专家、温州师范学院周梦江论蔡幼学

叶适和他年纪相若，一生友好，且在学问上有切磋之谊……蔡氏平时沉默寡言，而一旦辩论，"横启纵合，援今证古"，陈亮曾为之心折。他终生奉行陈傅良事功学说，充实历史研究，……从上述叶蔡府宪切磋学问来看，蔡幼学重视史学研究的思想，对叶适亦有一定的作用。（周梦江《叶适的师友考略》，《叶适与永嘉学派》，浙江古籍出版社，1992年，297页）

古籍善本专家、中国国家图书馆研究馆员丁瑜论蔡幼学

幼学官居高位，为人器凝敬，著述丰富，名盛一时。……韩侂胄伏诛之后，蔡幼学对韩之余党次第弹劾，窜黜罢免。清除庆元党禁之流绪，对南宋开禧嘉定间推行褚币之利害、抑民贩盐、蠲除定赋等经济改革措施，在《奏议》中均有论述，确可补正史之阙，是研究南宋孝、光、宁三朝史实之有用资料。（丁瑜《宋刻孤本三种》，

《北京图书馆善本书叙录》187—189页）

　　《育德堂奏议》《育德堂外制》二书实为宋时蔡氏家塾自藏本，视一般宋本尤足珍贵。民国初，《奏议》为军阀张怀芝所有，以后踪迹隐晦。至1956年始重显于世，由北京图书馆自修绠堂购得。《外制》则辗转为台湾省图书馆所藏。……深望台湾所藏《外制》亦能影印传播，使七百年来之孤行秘籍化身千百，俪行于世，为学术研究提供罕见之文献资料。(丁瑜《影印宋本育德堂奏议说明》，《育德堂奏议》，中华书局，1987年)

六、当代学者

中国国家图书馆发展研究院院长李致忠论蔡幼学

　　蔡幼学居官清正，学问淹洽，著述宏富，名盛一时。(李致忠《育德堂奏议六卷》，《昌平集》，上海古籍出版社，2012年，470页)

中国宋史研究会会长包伟民论蔡幼学

　　南宋官私方史学齐头并进，史书边传之风更为浓烈。出现了涌现出袁枢、朱熹、吕祖谦、李焘、李皇、陈均、蔡行之、王炎以及徐得之等一大批史家。(包伟民、彭建国《开拓与创新：宋史学术前沿论坛文集》，中西书局，2019年，365—366页)

浙江省社会科学院历史所所长徐立望论蔡幼学

　　蔡幼学抱负远大，立足史学，体博精深，以备一代之史。……蔡幼学重视民生，出任地方官职后屡为民请命，如福州额收税赋，有产盐钱和浮盐钱……奏请宁宗以"少宽民力"。(《影印育德堂奏议前言》，徐立望主编《永嘉学派丛书》第二十册，浙江古籍出版社，2021年)

参考文献

1. （宋）蔡幼学.育德堂外制［M］.宋刻本.台北：台湾省图书馆.

2. （宋）蔡幼学.育德堂奏议［M］.影印宋刻本.北京：中华书局，1987.

3. （宋）蔡幼学.育德堂外制［M］.宋刻本.永嘉：敬乡楼丛书，1929.

4. （宋）李心传.建炎以来朝野杂记［M］.上海：商务印书馆，1937.

5. （清）毕沅.续资治通鉴［M］.北京：中华书局，1957.

6. （宋）叶适著；刘公纯，王孝鱼，李哲夫点校.叶适集（全三册）［M］.北京：中华书局，1961.

7. （宋）刘时举撰；王瑞来点校.续宋中兴编年资治通鉴［M］.北京：中华书局，2014.

8. （宋）陈傅良著；周梦江点校.陈傅良先生文集［M］.杭州：浙江大学出版社，1999.

9. 李之亮.宋代京朝官通考［M］.成都：巴蜀书社，2003.

10. 李之亮.宋代郡守通考［M］.成都：巴蜀书社，2001.

11. 傅璇琮主编；龚延明，祖慧撰.宋登科记考［M］.南京：江苏教育出版社，2005.

12. （宋）郑瑶，方仁荣.景定严州续志［M］.北京：中华书局，1990.

13. 李之亮.宋代路分长官通考［M］.成都：巴蜀书社，2003.

14.周梦江.叶适年谱 [M].杭州:浙江古籍出版社,2006.

15.诸葛忆兵.宋代科举资料长编 [M].南京:凤凰出版社,2017.

16.王智勇,王蓉贵.宋代诏令全集 [M].成都:四川大学出版社,2012.

17.曾枣庄,刘琳.全宋文 [M].上海:上海辞书出版社,2006.

18.吴洪泽,尹波.宋人年谱丛刊 [M].成都:四川大学出版社,2002.

19.周梦江.叶适与永嘉学派 [M].杭州:浙江古籍出版社,1992.

20.傅璇琮,辛更儒.宋才子传笺证 [M].沈阳:辽海出版社,2011.

21.(宋)黄昇.宋刊中兴词选 [M].影印淳祐九年刘诚甫刻本.福州:福建人民出版社,2008.

22.(宋)朱长文纂修;李勇先校点.吴郡图经续记 [M].成都:四川大学出版社,2009.

23.(宋)周应合纂修;王晓波,李勇先,张宝见,等点校.景定建康志 [M].成都:四川大学出版社,2007.

24.(元)张铉纂修;王会豪,郭建强,等点校.至正金陵新志 [M].成都:四川大学出版社,2009.

25.宋维远.瑞安市志 [M].北京:中华书局,2003.

26.(明)王瓒,蔡芳撰;胡珠生点校.弘治温州府志 [M].

上海：上海社会科学学院出版社，2006.

27.（宋）李埴撰；燕永成校正.皇宋十朝纲要校正［M］.北京：中华书局，2013.

28.（清）孙诒让撰；潘猛补校补.温州经籍志［M］.上海：上海社会科学学院出版社，2005.

29.（宋）陈耆卿撰；徐三见点校.嘉定赤城志［M］.北京：中国文史出版社，2004.

30.（宋）佚名.南宋馆阁续录［M］.四库全书本.

31.（元）脱脱.宋史［M］.清刻本.杭州：浙江书局，1875（光绪元年）.

32.（宋）佚名.宋史全文［M］.四库全书本.

33.（宋）王应麟.玉海［M］.影印清光绪九年浙江刊本.南京：江苏古籍出版社，1987.

34.（宋）陈骙.南宋馆阁录［M］.四库全书本.

35.龚延明.宋史职官志补正［M］增订本.北京：中华书局，2009.

36.（宋）陈振孙.直斋书录解题［M］.四库全书本.

37.（宋）叶绍翁.四朝闻见录［M］.四库全书本.

38.（宋）潜说友.咸淳临安志［M］.四库全书本.

39.（宋）吴子良.荆溪林下偶谈［M］.四库全书本.

40.（宋）俞文豹.吹剑录外集［M］.四库全书本.

41.（宋）薛季宣.浪语集［M］.四库全书本.

42.（宋）黎靖德.朱子语类［M］.四库全书本.

43.（宋）韩彦直.橘录［M］.四库全书本.

44.（宋）楼钥.攻媿集［M］.四库全书本.

45.（宋）史能之.咸淳重修毗陵志［M］.影印嘉庆二十五年刻本.

46.（宋）何异.宋中兴学士院题名［M］.//藕香零拾丛书.清刻本.1896（光绪二十二年）.

47.（明）徐象梅.两浙名贤录［M］.明刻本.徐氏光碧堂.1621（天启元年）

48.（明）刘畿，朱绰.嘉靖瑞安县志［M］.复印嘉靖三十四年本，瑞安：瑞安市图书馆.

49.（清）徐松.宋会要辑稿［M］.北京：北平图书馆刊本，1936.

50.（清）王梓材，冯云濠.宋元学案补遗［M］.宁波：四明丛书本，1937.

51.（清）黄宗羲著；全祖望修订；王梓材重校.宋元学案［M］.宁波：四明丛书本，1937.

52.（清）孙锵鸣.陈文节公年谱［M］.永嘉：敬乡楼丛书本，1929.

53.（宋）陈亮.龙川文集［M］.上海：商务印书馆，1937.

54.王理孚，符章，刘绍宽.平阳县志［M］.影印民国十四年铅印本.

55.（宋）洪咨夔.平斋文集［M］.影印四部丛刊续编本.

56.（宋）吕祖谦.东莱集［M］.四库全书本.

57.（宋）周必大.文忠集［M］.四库全书本.

58.（宋）刘克庄.后村先生大全集［M］.上海：商务印书馆，1937.

59.（宋）梁克家.淳熙三山志［M］.四库全书本.

60.（宋）魏了翁.鹤山集［M］.四库全书本.

61.（明）黄仲昭.八闽通志［M］.明刻本.1491（弘治四年）.

62.（宋）袁燮.絜斋集［M］.四库全书本.

63.（宋）王十朋.梅溪后集［M］.四库全书本.

64.（宋）徐自明.宋宰辅编年录［M］.明刻本.1618（万历四十六年）.

65.（清）郝玉麟，卢焯，等.乾隆福建通志［M］.清刻本.1737（乾隆二年）.

66.（清）全祖望.鲒埼亭集外编［M］.清刻本.1811（嘉庆十六年）.

67.（清）吕肃高，张雄图，王文清.乾隆长沙府志［M］.清刻本.1747（乾隆十二年）.

68.（元）陈世隆.宋诗拾遗［M］.北京：线装书局，2022.

69.（明）喻政主修；林烃，谢肇淛纂.万历福州府志［M］.明刻本.1613（万历四十一年）.

70.（元）马端临.文献通考［M］.明刻本.北京：司礼监刊本，1524（嘉靖三年）.

71.（宋）魏了翁.重校鹤山先生大全文集［M］.宋刻本.1259（开庆元年）.

72. （清）蔡宇闻.蔡氏宗谱［M］.清抄本.1867（同治六年）.

73. （清）蔡夔.蔡氏宗谱［M］.清抄本.1910（宣统二年）.

74. （宋）吴泳.履斋遗稿［M］.四库全书本.

75. （明）汤日昭修；王光蕴纂.万历温州府志［M］.明刻本，1604（万历三十二年）.

76. （宋）徐光溥.自号录［M］.上海：商务印书馆，1937.

77. （明）姜准.岐海琐谈［M］.上海：上海社会科学院出版社，2002.

后 记

莘塍是一个有着深厚文化底蕴、古老文明和高尚情操的千年古镇。

20年前,我任瑞安市莘塍第一中学校长期间,莘塍中村村委会蔡岩龙主任来我办公室,说起学校正门口对面的空地(原先学校发展用地,属于莘塍中村)正在规划建设公园,其中将建设一座蔡幼学纪念馆。蔡幼学是我们莘塍蔡氏的共同祖先,有值得后人引以为傲的事迹。当时,瑞安正掀起民间资金建设历史名人纪念馆的热潮。敢为人先的莘塍人在这片热土上先后建设了叶适纪念馆、季氏历史名人纪念馆等。我对蔡幼学的生平履历知之不详,也不甚谙熟他的丰功伟绩,只出于凡是有利于学生教育的事情都积极赞同而热烈响应。

2018年夏天,莘塍文化研究会成立,而蔡幼学纪念馆也即将落成。在一群莘塍文化志愿者的带领下,我两次参观纪念馆。"幼而学之,壮而欲行之。"蔡幼学幼以文显,长养性情,毕生致力于国家统一、民族振兴,为官清正廉洁、刚正不阿,为学勤勉务实、力主事功,为人志在为善、志存高远。据明嘉靖《瑞安县

志》记载，宋代莘塍里人在安国寺设有"文懿祠"，景仰其德行
义理。如今，蔡幼学纪念馆建筑立面气势恢宏，有南方园林之
秀，涵养江南传统文化气息，营造了大气而富于变化的视觉效
果。遗憾的是，关于蔡幼学的布展内容失于讹误者过多。一位老
先生说："这有损于德全才秀、履正志和的蔡幼学的形象。"联系
建设单位，方知由于蔡幼学的资料欠缺，所有上墙文稿均来自
网络！

恰遇研究会成员受邀参访重新布展建设中的叶适纪念馆、塘
下陈傅良纪念馆，两相比较，大家深感所肩负开展挖掘莘塍历史
文化的责任之重。于是，在陈裕荣先生的倡议下，我开始着手蔡
幼学之研究。

原温州市社会科学界联合会副主席洪振宁先生多次告知，蔡
幼学是南宋永嘉学派的一位重要学者，他及其子蔡节的著作《育
德堂外制》《育德堂奏议》《论语集说》是卷帧完足的宋刻本，至
今流传，是甚为珍贵的古籍善本。洪先生希望能看到来自蔡幼学
家乡的乡土文化工作者有关于他的研究。戴世德先生向我推荐了
瑞安市地方志办公室的谢公望老先生，谢老先生已经关注蔡幼学
研究20余年。于是，有了这本书的创编缘由。

那一年，我先后从旧书网购得南京图书馆版《育德堂外
制》，敬乡楼版《育德堂外制》，中国国家图书馆版《育德堂奏
议》，利用网络搜索到蔡幼学生平信息400余条，从中国知网下载
有关蔡幼学研究的文章70余篇。从一直从事数学教学和教育管理

转行至乡土历史文化研究，我深知自己是个门外汉。于是，我日夜研读这些论著，了解蔡幼学的诸多情况，撰写了《幼学文脉泽及后世》一文。次年，因疫情原因困居家中，草就一份《蔡幼学年谱》，罗列其生平主要经历。疫情解封之际，我拿这份《蔡幼学年谱》草稿同谢公望先生探讨，他异常高兴，当场决定与我合作，一起开展"蔡幼学年谱"之研究。他负责收集时事历史部分及庆元党禁有关人物情况，我负责搜集蔡幼学生平及其交游资料。2020年6月，"蔡幼学年谱"被批准为瑞安市社会科学界联合会课题，被列为该年度两项瑞安市重点社科课题之一。之后，每个月都收到谢老先生的手写稿件，每次收集10年，每次稿件近200页。瑞安市社会科学界联合会兼职副主席张小宇先生又帮助我学会使用读秀学术搜索，先后搜索到蔡幼学（蔡行之）有关的信息1200余条，利用籍合网、浙江图书馆搜索到蔡幼学的有关信息560余条。对于每一条信息，我都努力去寻找原稿出处核对鉴别。得知台湾省图书馆藏有宋刻本《育德堂外制》，我通过研究会的蔡桂顺副会长请台北温州同乡会的负责人去图书馆借阅，困于古籍保护，未得复印。一个偶然的机会，能够登陆台湾省图书馆的网站，居然找到了这本书的影印电子版，于是花费一些工夫，将每一页截图，下载存档，补正了敬乡楼版《育德堂外制》中许多空白或差错的字句。蔡氏宗亲蔡仕法、蔡德成陪同我遍访蔡氏宗祠，翻阅历代宗谱，查阅关于蔡幼学的记载。

这样，《蔡幼学年谱》增加了不少资料。我们开始组编《蔡幼学集》，着手谋划撰写《蔡幼学年谱长编》。2021年6月形成第一稿，近28万字，完成提交瑞安社科课题结题报告。又经过5次修改，2021年11月27日在瑞安市聚星小学召开《蔡幼学年谱长编》初稿审稿会。参加会议学者主要有：原温州师范学院中文系沈洪保副教授，温州市图书馆卢礼阳研究馆员，温州大学人文学院李俊芳教授，原平阳县委统战部陈彤副部长，温州叶适与永嘉学派研究会陈志坚副会长、叶伟东副会长、王兴雨理事，以及瑞安市委宣传部邵定美副部长，莘塍街道党工委陈丰副书记，莘塍文化研究会陈裕荣、虞君林、薛爱钗女士，瑞安市聚星小学校长陈乃宣，蔡幼学后裔代表蔡甫姆、蔡仕法、蔡池松、蔡昌华先生等。这次审稿会讨论热烈，为完善本年谱的修撰提供了许多真知灼见。为保证质量，我们将谋划中的年谱长编改为年谱，大幅度减少篇幅。

由于年代久远，外加蔡幼学流传于世的作品稀少，关于蔡幼学专题研究缺乏，《蔡幼学年谱》编纂举步维艰。在编写过程中，温州市图书馆、瑞安市图书馆、瑞安市社会科学界联合会给予我们大力支持，尤其是邵定美、陈锦海副部长几度关注过问年谱修撰的进展情况，谢公望先生不顾年迈，倾心完成编撰，李俊芳教授多次指点撰写方法，陈志坚先生、卢礼阳先生在审稿会议之后再度帮忙审阅稿件，中国工程院院士方国洪先生题写书名。蔡氏宗亲蔡甫姆、蔡仕法协助筹集资金，莘塍街道周田、中村、下村、仙甲4个蔡氏宗祠各出资5万元，汀田街道金岙、塘下南山两个蔡氏宗祠各出资 1 万元，赞助本书出版。莘塍文化研究会的同事们也给予了真诚的鼓励和极大帮助，在此一并表示衷心感谢！

本书是 800 余年来第一次对蔡公生平事迹的系统整理，难免存在许多不足之处，恳请有识之士给予批评指正。

蔡建设

2023 年 9 月